大人の遠足
BOOK

多彩な山行を楽しむ
88
コース

関西
中国四国・北陸の
ベストコース

山

JN110796

Contents

関西・中国四国・北陸の山 ベストコース

▲花咲く伊吹山山頂の周遊路

🔺 関西 ・・・・・・・・・・・・9

▲日出ヶ岳（大台ヶ原）稜線の木道

▲登山者で賑わう石鎚山山頂

表紙写真＝大写真から時計回りに、伊吹山、冠山、釈迦ヶ岳、蒜山、イブキジャコウソウ、フデリンドウ、オオヤマレンゲ

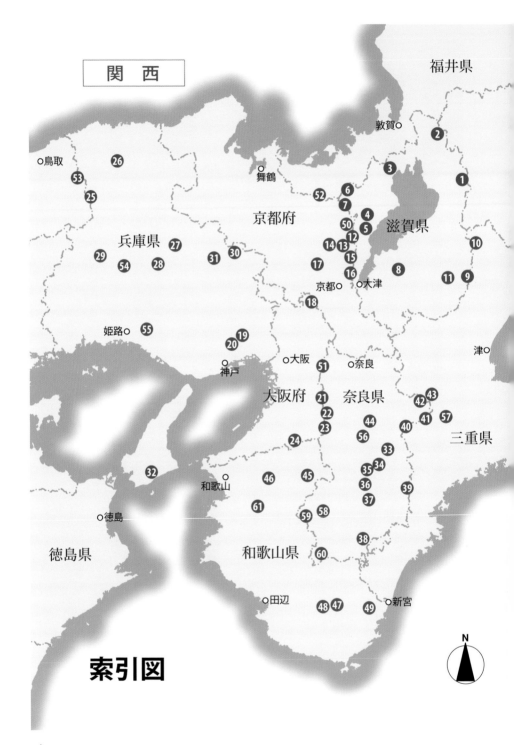

関西

福井県

鳥取○

敦賀○

京都府

舞鶴

滋賀県

兵庫県

京都○　大津

姫路○

大阪○　奈良

神戸

津○

大阪府　奈良県

三重県

和歌山○

徳島○

徳島県

和歌山県

田辺○　新宮○

索引図

N

周辺エリア

島根県 66
65
63 鳥取県
64
広島県 岡山県 62
兵庫県
京都府
滋賀県
78 79 80
福井県
石川県 富山県 84 86
81 85
83 87
82 88
74 75 76
77
岐阜県
長野県
関西
大阪府
奈良県 三重県
愛知県
静岡県
愛媛県 70 69
香川県
68 67
徳島県
高知県
73
72
71
和歌山県

本書の使い方

●標高
コース最高点の標高を表示しています。

●総歩行時間
コースの歩行時間の合計です。休憩時間は含みません。ただし、気象条件や道の状況、個人の体力や経験によって大きく変わることがあります。この時間はあくまでも目安として、余裕を持った計画を立ててください。

●総歩行距離
コースの歩行距離の合計です。地形図をもとにコースの斜面に沿った距離を割り出していますが、実際より少なめになるなど、若干の差が出る場合があります。

●累積標高差
コース全体の登り（下り）部分の標高差をすべて合計した累積標高差を掲載しています。

●登山レベル（難易度の指標）
以下の基準により設定しています。
入門者向け……難易度が体力・技術ともに★
初級者向け……難易度が体力・技術ともに★★以下
中級者向け……難易度が体力・技術ともに★★★以下
上級者向け……難易度が体力・技術ともに★★★★以下

体力　一日の歩行時間や累積標高差に対応しています。
★………… 歩行4時間未満で累積標高差が小
★★……… 歩行6時間未満もしくは累積標高差が中
★★★…… 歩行8時間未満もしくは累積標高差が大
★★★★… 歩行10時間未満もしくは累積標高差が極大

技術
★………… よく整備された遊歩道、散策路
★★……… 道標が整備され、難所のない登山道
★★★…… 小規模なガレ場や岩場などがあるコース
★★★★… 注意を要する岩場、雪渓などがあるコース

ただし、コースの状況によっては上の条件に増減を加えることがあります。

※登山適期外（積雪期など）ではレベルが変わりますので、注意してください。

●アクセス情報
電車・バスなどの公共交通機関もしくは車で出かける際のアクセスの情報です。アクセスに関する所要時間・料金は、通常期のものを掲載しています。繁忙期や閑散期には料金や所要時間が変わる場合があります。また、車でお出かけの際はあらかじめ地図でルートをご確認ください。

●ヒント
アクセスの参考情報やマイカー利用の場合のプランニングなど、山行の計画に役立つ情報を紹介しています。欄外情報と合わせてご利用ください。

- 本書のデータは2023年2月現在のものです。
- 各コースの標高差とコース距離の算出、および高低図の作成にあたって、DAN杉本さん作製のソフト『カシミール3D』を利用させていただきました。
- アクセスに関する料金は、通常期のものを掲載しています。繁忙期や閑散期には料金が変わる場合があります。
- ルートは、自然災害などによってコースが付け替えられたり、閉鎖されたりすることがあります。事前に必ず、市町村役場や観光協会などから最新情報を入手してください。
- 山で見られる花を含めた動植物は、法令により採取が禁じられています。絶対に取らないようにしてください。また、観察や写真撮影の際にも、自然環境を傷つけないよう、充分配慮してください。

▲ 南西麓の三角池から見た伊吹山

1 伊吹山 中級

標高差1000mの豪快な登りを楽しみ豊富な高山植物のお花畑をめぐる

概要 滋賀県最高峰の花の名山・伊吹山は、古くから信仰の山でもあり、日本武尊が荒神の化身である白猪に襲われ麓の清水で傷を治した伝説の地。絶景の展望が得られるが、午後はガスが出ることが多いため夜行登山する人も多い。夏は高山植物の宝庫だが、冬は本格的な冬山となる。

コース JR近江長岡駅または近江長浜駅からバスに乗り❶伊吹登山口バス停（三之宮神社前）で下車。神社の鳥居をくぐって右に進み、少し先で右上に延びる山道を行く。樹林帯の急登をこなすと、スキー場跡地で、景色が開けた一合目に出る。ここからずっと、頭上を樹林が覆うことはない。

▲ 伊吹登山口バス停（三之宮神社前）から歩き始める

ゲレンデ跡の緩斜面から、2度目の急坂を経て、再び平原状になると❷三合目。公衆トイレ跡のある四つ辻の直下までタクシーも利用できる。

四合目から石のごろごろした本格的な山道が❸五合目。売店は、閉まっていることもあるので注意したい。

傾斜を強めながらジグザグに標高を稼ぐが、花を愛で、眺めを振り返りながら登ると、つらさも忘れる。六合目手前にある避難小屋を過ぎ、七合目からは傾斜がいっそう急になる。連続する岩場は、霧や雨で濡れていることも多く要注意。

周回遊歩道との分岐からは、❹伊吹山山頂はすぐだ。お花畑が広がる広い山頂部には、伊吹山寺覚心堂、チップトイレのほか、軽食・みやげ物店を兼ねた宿泊施設があり、ここは夜行登山時に仮眠できる。右手に日本武尊像が立つ最高地点がある。また、一等三角点は小屋群から東に100m強の尾根上にあり、晴天時の景色はすばらしい。余裕があれば山上をぐるりと周回する遊歩道を散策しよう。一周1時間30分ほどだが、中央遊歩道を活用すれば時間が短縮できる。

下山は、滑りやすい足元に気をつけながら、往路を忠実に戻ろう。

11

●高低表
掲載コースの高低断面図を掲載しています。縦軸は標高、横軸は水平距離です。水平距離・標高の目盛の基準等が異なっている場合がありますので、比較の際はご注意ください。横軸の目盛幅が同じ場合は、コースの傾斜の表現の比較ができますが、違う場合ではずれが生じます。水平距離はおおよその目安で誤差を含みます。また、傾斜は実際より大げさに表現されています。

●地図
- 本書に掲載されている地図は、国土地理院発行の地形図を元に製作されています。
- 登山の際には、本書に加えて国土地理院発行の2万5000分の1地形図を携行されることをおすすめします。
- 地図上の情報、ルートは、発行後に変更、閉鎖される場合もありますので、ご注意ください。
- 花の掲載位置はエリアを表すもので、花の咲いている位置を正確に示しているものではありません。

地図記号の凡例

記号	説明	記号	説明	記号	説明
━━━	本文で紹介している登山コース	▲	山頂	A'	電波塔
○	登山コースのポイント	1945 △	三角点	⌂	碑
←0:30	登山コースポイント間のコースタイム	1945	標高点	⊗	学校
─ ─ ─	本文でサブコースとして紹介している登山コース	🏠	有人小屋	⊗	警察署・交番
- - -	その他の登山道・小道	🏠	無人小屋	〒	郵便局
━━━	有料道路	♨	水場	◉	市役所
🛣1	国道	🚻	トイレ	○	町村役場
·─·─·	県界	✿	花	卍	寺院
·─·─·	市町村界	🏠	登山ポスト	🛕	神社
▪━▪	鉄道（JR）	Ⓟ	駐車場	♣	ゴルフ場
□━□	鉄道（私鉄）	🚏	バス停	⚡	発電所・変電所
○━━○	リフト	▲	キャンプ場	♨	温泉
□━□	ロープウェイ	🏨	ホテル・旅館	∴	史跡・名勝
□━□	ケーブルカー				

装備チェックリスト

ウエア	春秋	夏	冬
ズボン	◎	◎	◎
速乾性Tシャツ	◎	◎	◎
長袖シャツ	◎	◎	◎
セーター・フリース	◎	△	◎
下着(替え)	△	○	△
アンダータイツ(保温用)	○	×	◎
靴下(替え)	△	△	◎
帽子(日除け用)	○	◎	△
帽子(防寒用)	○	×	◎
手袋	◎	△	◎
バンダナ	○	◎	○
ネックウォーマー・マフラー	○	×	○
ウインドブレーカー	○	△	○

生活用具	春秋	夏	冬
タオル	○	○	○
洗面用具	△	△	△
日焼け止め	○	◎	○
コッヘル	△	△	○
ガスバーナー	△	△	○
ウエットティッシュ	○	○	○

非常時対応品	春秋	夏	冬
ファーストエイドキット	◎	◎	◎
常備薬	○	○	○
レスキューシート	◎	◎	◎
ラジオ	×	×	△
非常食	◎	◎	◎
健康保険証(コピー)	○	○	○
超軽量ツエルト	○	○	◎
細引き・ロープ	△	△	△
ホイッスル	○	○	○
無線	△	△	○

登山用具	春秋	夏	冬
登山靴	◎	◎	◎
スパッツ	△	△	△
軽アイゼン	△	△	○
ザック	◎	◎	◎
ザックカバー	◎	◎	◎
ストック	○	○	○
折畳み傘	○	○	○
レインウエア	◎	◎	◎
水筒	◎	◎	◎
ヘッドランプ・替球	◎	◎	◎
予備電池	◎	◎	◎
ナイフ	△	△	△
サングラス	△	△	○
保温ポット	○	○	◎
カップ	○	○	○
コンパス	◎	◎	◎
地図・地形図	◎	◎	◎
コースガイド・コピー	◎	◎	◎
高度計	○	○	○
携帯型GPS	○	○	○
時計	◎	◎	◎
携帯電話	◎	◎	◎
カメラ	△	△	△
手帳・ペン	○	○	○
ライター・マッチ	◎	◎	◎
ビニール袋・ジップロック	○	○	○
新聞紙	△	△	△
ビニールシート・マット	○	○	○
トイレットペーパー	○	○	○

◎…必ず携行するもの
○…携行すると便利なもの
△…コースや季節、登山内容によって携行するもの
×…とくに必要なし

※春秋は雪がないことを前提。また冬は根雪にはならないが、ときに降雪に見舞われることを前提にした装備です。
※リストはあくまでも目安です。事前に経験者のアドバイスを受け、加減するとよいでしょう。

関西

area

▲余呉湖のかなたに霞む
横山岳（右奥）

高山植物が咲き乱れる「日本百名山」の一峰

伊吹山
（いぶきやま）

伊吹登山口 → 五合目 → 伊吹山 → 五合目 → 伊吹登山口

標高1377m

滋賀県
日帰り

適期…4月上～12月上

日本百名山・花・大展望・立ち寄り湯

総歩行時間	6時間20分	総歩行距離	10.5km	累積標高差	登り 1172m / 下り 1172m	登山レベル	中級向	体力 ★★★☆ / 技術 ★★☆☆

公共交通機関

●往復：JR東海道本線近江長岡駅▶湖国バス約15分・370円▶伊吹登山口。またはJR北陸本線長浜駅▶湖国バス約45分・730円▶伊吹登山口

マイカー

●北陸自動車道米原ICから国道21号、県道248号・551号経由で約13km。三之宮神社周辺に民営の有料駐車場あり（500円～1000円程度）。※4月～11月頃、伊吹山ドライブウェイ(有料)の営業に合わせ山頂直下までマイカーでアクセス可能。

ヒント

●入山協力金（任意）が導入されている。一人あたりの目安は300円。
●山頂には3軒の山小屋があり仮眠に利用（要予約）できる。4月下旬～10月営業（要確認）。問合せは下記のびわ湖の素DMOへ。

問合せ

びわ湖の素DMO ☎0749-51-9082
湖国バス長浜営業所 ☎0749-62-3201
伊吹山ドライブウェイ
☎0584-43-1155
名阪近鉄バス ☎0584-81-3326

◀伊吹山は植物相が多様で固有種も多い

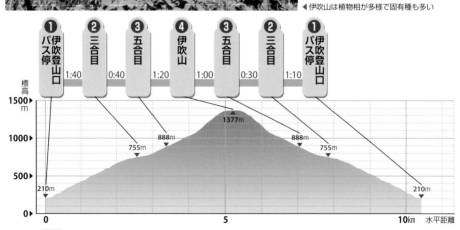

① 伊吹登山口バス停 — 1:40 — ② 三合目 — 0:40 — ③ 五合目 — 1:20 — ④ 伊吹山 — 1:00 — ③ 五合目 — 0:30 — ② 三合目 — 1:10 — ① 伊吹登山口バス停

標高 m
1500m
1000m
500m
0m

210m 755m 888m 1377m 888m 755m 210m

0   5   10km 水平距離

欄外情報 伊吹山山頂駐車場からJR東海道本線関ヶ原駅への名阪近鉄バスは夏期のみの運行なので、利用する場合は確認を。伊吹薬草の里文化センター（☎0749-58-0105）では薬草湯に入浴できる。

▲南西麓の三島池から見た伊吹山

標高差1000mの豪快な登りを楽しみ
豊富な高山植物のお花畑をめぐる

概要 滋賀県最高峰の花の名山・伊吹山は、古くから信仰の山でもあり、日本武尊が荒神の化身である白猪に襲われ麓の清水で傷を治した伝説の地。絶景の展望が得られるが、午後にはガスが出ることが多いため夜行登山する人も多い。夏は高山植物の宝庫だが、冬は本格的な冬山となる。

コース JR近江長岡駅または長浜駅からバスに乗り❶伊吹登山口バス停（三之宮神社前）で下車。神社の鳥居をくぐって右に進み、少し先で右上に延びる山道をとる。樹林帯の急登をこなすと、スキー場跡地で、景色が開けた一合目に出る。ここからずっと、頭上を樹林が覆うことはない。

▲伊吹登山口バス停（三之宮神社前）から歩き始める

ゲレンデ跡の緩斜面から、2度目の急坂を経て、再び平原状になると❷三合目だ。公衆トイレ跡のある四つ辻の直下までタクシーも利用できる。

四合目から石のごろごろした本格的な山道が始まる。❸五合目の売店は、閉まっていることもあるので注意したい。

傾斜を強めながらジグザグに標高を稼ぐが、花を愛で、眺めを振り返りながら登ると、つらさも忘れる。六合目手前にある避難小屋を過ぎ、七合目からは傾斜がいっそう急になる。連続する岩場は、霧や雨で濡れていることも多く要注意。

周回遊歩道との分岐からは、❹伊吹山山頂はすぐだ。お花畑が広がる広い山頂部には、伊吹山寺覚心堂、チップトイレのほか、軽食・みやげ物店を兼ねた宿舎があり、ここは夜行登山時に仮眠できる。右手に日本武尊像が立つ最高地点がある。また、一等三角点は小屋群から東に100m強の尾根上にあり、晴天時の景色はすばらしい。余裕があれば山上をぐるりと周回する遊歩道を散策しよう。一周1時間30分ほどだが、中央遊歩道を活用すれば時間が短縮できる。

下山は、滑りやすい岩に気をつけながら、往路を忠実に戻ろう。

▲伊吹山山頂の山小屋

滋賀鉱産伊吹鉱山
（立入禁止）

ドライブウェイ駐車場
スカイテラス伊吹山
弥勒堂
日本武尊像

伊吹山ドライブウェイ

関ヶ原駅

東遊歩道

西遊歩道
お花畑
中央遊歩道
お花畑

山頂一周1時間30分程度。
中央遊歩道で半周すれば
時間短縮できる

山頂山小屋
1377
④伊吹山

伊吹山

山頂にかけて
高山植物多し
手掛岩
八合目

七合目
1:20
1:00
六合目

売店（休憩所）

石がごろごろした
急登で展望よい

避難小屋

五合目③
売店あり

四合目

0:40
0:30

四つ辻
ここまでタクシー入る

②三合目

滋賀県
米原市

スキー場跡地

839

林道は一般車
通行禁止

合目
P
インフォメーション
センター
P
伊吹小

樹林帯

卍松尾寺
山道に入る
白山神社
見晴らし台

三之宮神社
上野

1:40
1:10

合目
伊吹高原荘

**①伊吹登山口
バス停**

広域農道

N

米原市役所 伊吹庁舎

1:25,000

0   250   500m
1cm=250m
等高線は10mごと

春照

伊吹薬草の里文化センター
伊吹薬草湯（ジョイいぶき）
ジョイいぶき

365 伊吹山中
国道365号・近江長岡駅

ブナ林の山頂から琵琶湖の眺望が開ける花の名山

横山岳
（よこやまだけ）

標高 1132m
滋賀県
日帰り

白谷登山口 → 経ノ滝 → 五銚子ノ滝 → 横山岳 → 鳥越峠 → 白谷登山口

総歩行時間	5時間	総歩行距離	5.9km	累積標高差	登り 930m 下り 930m	登山レベル	中級向	体力 ★★★☆ 技術 ★★★☆

▲新緑がまぶしい春の鳥越峠

公共交通機関
●往復：JR北陸本線木ノ本駅▶湖国バス約30分・600円▶杉野農協前　※バス停から白谷登山口まで40分程度歩く。バス便は少ないので、事前にダイヤを要確認。

マイカー
●北陸自動車道木之本ICから国道8号・303号経由で杉野から網谷林道へ入って白谷出合まで約14km。白谷登山口に約30台分の駐車場がある。

ヒント
●白谷登山口から経ノ滝間で以前とコースが変わり、経ノ滝へは少しの林道歩きですむようになった。白谷コースはゴールデンウィーク頃までは雪が残って危険なので登山シーズンは5月中旬以降。

問合せ
長浜市北部振興局 ☎ 0749-82-4111
湖国バス長浜営業所 ☎ 0749-62-3201

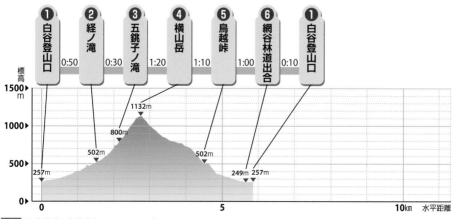

① 白谷登山口　0:50
② 経ノ滝　0:30
③ 五銚子ノ滝　1:20
④ 横山岳　1:10
⑤ 鳥越峠　1:00
⑥ 網谷林道出合　0:10
① 白谷登山口

標高
1500m
1000m
500m
0m

1132m
800m
502m
502m
257m
249m 257m

0　　　　　　5　　　　　10km　水平距離

欄外情報
網谷林道の白谷登山口からさらに奥に東尾根コース登山口があり、白谷登山口から周回できるが、歩行距離が長くなり上級者向きのコースになる。

13

▲三高尾根からの下りは木の間越しに琵琶湖や余呉湖、竹生島が望める

豪快に落ちる滝を仰いで登る花の道
ブナの山頂から琵琶湖を眺めながら下る

概要 横山岳は網谷林道から3つの登山コースがあり、花、新緑、紅葉、展望、大滝と奥深い自然が手軽に楽しめる魅力満載の山。特に白谷は険しいコースだが、多くの花と出合うことができ、ブナ林の山頂に登ると琵琶湖が光るすばらしい眺望が広がっている。

コース 網谷林道の❶白谷登山口から左岸側の道を登って行くと、流れを離れて右の斜面を登るようになる。白谷に林道が横断するようになって変更されたコースで、やがて斜面を横切る広域林道に出合って左へと進むと、すぐに白谷に架かる太鼓橋に出る。ここから登山道に下りて少し登ると❷経ノ滝に着く。躍動するように水が落ちる、落差20mほどの美しい滝だ。道は滝の左側の急斜面を巻いて登って行く。

　谷は次第に深くなり、春には道の上に雪渓状に雪が残るところがあるので注意したい。この上に❸五銚子ノ滝がかかっていて、春は付近の斜面にニリンソウなど多くの花が咲き乱れている。ここも左の斜面から巻いて登ると、流れから離

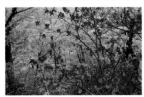
▲ミツバツツジに彩られた白谷本流コース

れて尾根へと登って行く。ひたすら急登が続いて頂上まで緩むことのない登りとなるが、花の季節は可憐に咲く花々が苦しい登りをなぐさめてくれるだろう。

　急登が緩みブナ林に入るとすぐに❹横山岳頂上の広場が開け、南側の湖北の平野や琵琶湖の眺めが広がる。見事な眺望をおかずの一つにして、ゆっくりと昼の休憩を楽しむすばらしい頂上だ。

　帰路は三高尾根を下る。ブナ林が続き木の間越しに琵琶湖を眺めながらの、急な下りが続く。横山岳を仰ぐ望横ベンチまで下り、ロープ場を慎重に下っていけば、もう少しで❺鳥越峠だ。緩やかな峠から少し進んだところで左へとコエチ谷の道が分かれる。コエチ谷の道も急なのでゆっくりと下ろう。最後は林道に出て30分ほど歩いて❻網谷林道出合に出る。左へ10分で❶白谷登山口に戻る。

▲早春の横山岳山頂。南側に琵琶湖の眺望が広がる好展望

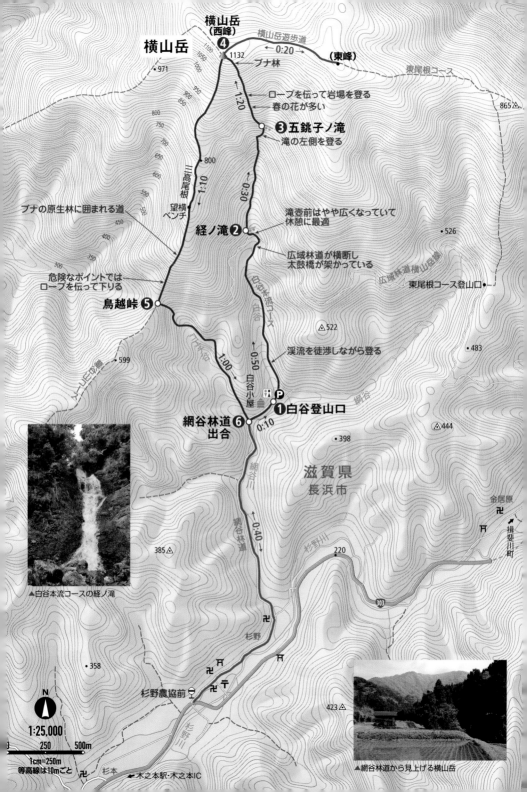

横山岳
横山岳
（西峰）④
1132
横山岳遊歩道
0:20
（東峰）
東尾根コース
971
865
ブナ林
1:20
ロープを伝って岩場を登る
春の花が多い
③五銚子ノ滝
滝の左側を登る
800
1:10
0:30
望横
ベンチ
三高尾根
ブナの原生林に囲まれる道
450
経ノ滝②
滝壺前はやや広くなっていて
休憩に最適
広域林道が横断し
太鼓橋が架かっている
広域林道横山岳線
526
危険なポイントでは
ロープを伝って下りる
東尾根コース登山口
鳥越峠⑤
522
483
1:00
0:50
渓流を徒渉しながら登る
白谷本流コース
599
白谷小屋
白谷登山口
①白谷登山口
P
444
網谷林道
出合⑥
0:10
398
滋賀県
長浜市
金居原
揖斐川町
385
0:40
杉野川
220
303
杉野
423
杉野農協前
N
1:25,000
250   500m
1cm=250m
等高線は10mごと
▲白谷本流コースの経ノ滝
杉本
木之本駅・木之本IC
▲網谷林道から見上げる横山岳

適期…4月下〜11月下 　花・大展望・立ち寄り湯

琵琶湖を望む岩峰・明王ノ禿の南北にそびえる花の山

赤坂山・三国山
あかさかやま・みくにやま

標高876m
（三国山）

滋賀県・福井県
日帰り

マキノ高原温泉さらさ → 赤坂山 → 三国山 → 黒河峠 → 白谷 → マキノ高原温泉さらさ

総歩行時間	6時間	総歩行距離	14km	累積標高差	登り 1023m 下り 1023m	登山レベル	中級向	体力 ★★★☆ 技術 ★★☆☆

▲明王ノ禿から望む赤坂山

公共交通機関
●往復：JR湖西線マキノ駅▶湖国バス約15分・220円
▶マキノ高原温泉さらさ

マイカー
●名神高速道路京都東ICから西大津バイパス、湖西道路、志賀バイパス、国道161号、県道287号経由で約70km。マキノ高原に登山者用の駐車場あり。

ヒント
●マキノ高原温泉さらさとマキノ白谷温泉八王子荘が

あり、共に単純アルカリ泉で山の疲れが癒やされる。さらさは毎月第2・4水曜休、マキノ白谷温泉は木曜休。

問合せ
高島市観光振興課 ☎ 0740-25-8040
びわ湖高島観光協会 ☎ 0740-33-7101
マキノ高原管理事務所 ☎ 0740-27-0936
湖国バス業務部 ☎ 0749-22-1210

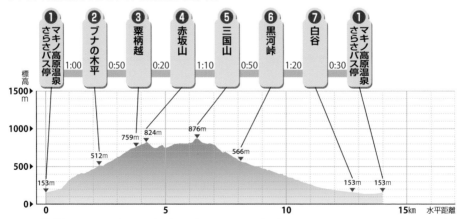

① マキノ高原温泉さらさバス停 — 1:00 — ② ブナの木平 — 0:50 — ③ 粟柄越 — 0:20 — ④ 赤坂山 — 1:10 — ⑤ 三国山 — 0:50 — ⑥ 黒河峠 — 1:20 — ⑦ 白谷 — 0:30 — ① マキノ高原温泉さらさバス停

標高 m
1500
1000
500
0

153m ／ 512m ／ 759m ／ 824m ／ 876m ／ 566m ／ 153m ／ 153m

0 ／ 5 ／ 10 ／ 15km　水平距離

欄外情報 マキノ高原温泉さらさバス停からバスは高原のシンボル「メタセコイア並木」を通るが、時間があればピックランドバス停までの30分ほどを歩き、この美しい並木を楽しむといい思い出になる。

▲赤坂山から明王ノ禿、三国山と赤坂山自然歩道が続く

（右マージン縦書き）
3　赤坂山・三国山　上級　中級　初級　入門

マキノ高原から登る赤坂山自然歩道は
高島トレイルに合流し黒河峠へ下る

概要　高島トレイルより前に整備された赤坂山自然歩道を歩く。マキノ高原から粟柄越までは昔の峠道であり、石畳も残る。赤坂山でひと息入れ、明王ノ禿から三国山へ向かう。花崗岩地帯の道は変化に富み、巻道となると花もよく残っていて楽しい道だ。黒河峠からは林道歩きとなる。

コース　❶マキノ高原温泉さらさバス停へ着くと、隣のさらさ庵売店で山の様子を聞いておこう。広い草原の高原を抜け、調子ヶ滝遊歩道を見送り尾根に取り付く。丸太の階段道を登り、高原展望台を過ぎると尾根はなだらかとなり、オモテと呼ぶ粟柄越と寒風の間の草稜が見えてくる。ひと登りで休憩舎のある❷ブナの木平へ。ここからブナ林の急坂となって、峠道の石畳を見届けながら頑張って登ると、ひと汗かく頃には草原の❸粟柄越へ抜け出る。

　岩をくりぬいて安置される峠のお地蔵さんに挨拶をして、わずかな登りで❹赤坂山山頂へ。立派な山名盤を見ながら大パノラマを堪能した後は明王ノ禿へ向け下る。花崗岩の岩塔が並び立っていて、このあたりではめずらしくアルペンムード。

　赤坂山自然歩道の名にふさわしい樹林のなかの快適な巻道を進むと分岐となり、左へ入り急坂を登るとコースの最高点❺三国山山頂へ。ここまで来ると登山者も多くなく、低木に囲まれて展望はいいとはいえないが、静かな頂で印象深い。

　分岐まで戻り、初夏にはキンコウカの咲く小さな三国山湿原を過ぎると、道は急な尾根をジグザグに下ってゆく。正面に高島トレイル起点の乗鞍岳が堂々とした姿を見せる。アザラシ岩からは傾斜も緩くなり、いったん林道へ出てブナ林を抜けると❻黒河峠へ下り立つ。ここにはトイレがあり、一般車通行止の林道黒河マキノ線を下り、さらに県道を進めば❼白谷集落を経て❶マキノ高原温泉さらさバス停へたどり着く。

▲花崗岩の風化した明王ノ禿

17

敦賀 →

● 665

三国山湿原では
キンコウカの群生

三国山 ❺ 876

カタクリ
イワウチワ

登山口

❻ 黒河峠

△651.7

高島トレイル

0.50

アザラシ岩

黒河峠からは林道歩き

ここから三国山を往復

イワウチワ
カタクリ
ベニドウダン

● 814

1.10

● 568

明王ノ禿

赤坂山自然歩道

風化した花崗岩

滋賀県
高島市

● 435

360度のパノラマ

赤坂山 ❹

824

赤坂山・三国山

ゲート
駐車スペースあり

1.20

福井県
美浜町

サラサドウダン
ベニドウダン
カタクリ

346 ●

❸ 粟柄越

送電線の鉄塔

0.20

高島トレイル

224 ●

石畳の道

0.50

620

八王子川

313 ●

● 794

休憩舎

❷ ブナの木平

483.6

1.00

赤坂山自然歩道

寒風・大谷山

● 466

眼下にマキノ高原が望める

白谷

● 324

高原展望台

白谷 ❼

マキノ白谷温泉

丸太の階段

牧野遊歩道

マキノ白谷温泉
八王子荘

広場・森の隠れ家
管理事務所

白谷荘
歴史民俗博物館

マキノスキー場

187 ●

マキノ高原温泉
さらさ

● 白谷

0.30

143 ●

N

トレッキングセンター

❶ マキノ高原温泉さらさバス停

287

1:25,000

さらさ庵(売店)

0   250   500m

(登山者用) P

1cm=250m
等高線は10mごと

↓マキノ駅・メタセコイア並木・ピックランドバス停

標高差1000mを超える比良山系の最高峰

武奈ヶ岳
ぶ　な　が　たけ

坊村 → ワサビ峠 → 武奈ヶ岳 → ワサビ峠 → 坊村

標高 **1214m**

滋賀県
日帰り

総歩行時間	5時間10分	総歩行距離	8.1km	累積標高差	登り 1047m 下り 1047m	登山レベル	中級向	体力 ★★★☆ 技術 ★★☆☆

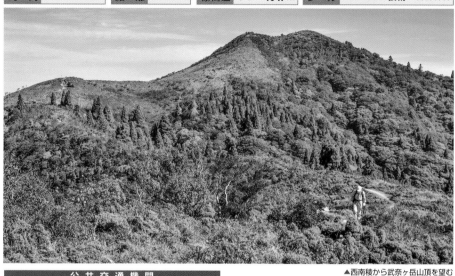

▲西南稜から武奈ヶ岳山頂を望む

公共交通機関
●行き：JR湖西線堅田駅▶江若（こうじゃく）バス約40分・1100円▶坊村　●帰り：バス便は少ないのでタクシーを呼ぶ（欄外参照）。

マイカー
●名神高速道路京都東ICから西大津バイパス、国道477号など経由で約37km。坊村に駐車場あり。

ヒント
●坊村へは、京阪・出町柳駅前からの京都バスもあるが、

両バスとも3〜12月の土曜・休日の午前1本で、坊村からの午後便はない。琵琶湖側のJR湖西線比良駅に下る手もあるが長い。マイカーやタクシー利用の山。

問合せ
びわ湖大津観光協会 ☎077-528-2772
江若バス堅田営業所 ☎077-572-0374
京都バス運輸部 ☎075-871-7521
大津第一交通（タクシー）☎077-574-4000

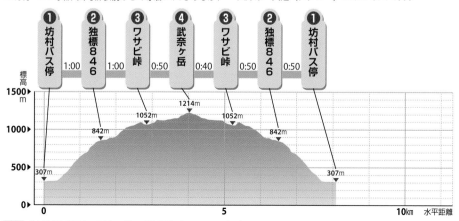

明王院から急坂を登り御殿山へ
さらに西南稜を伝って絶景の山頂へ

概要 比良最高峰への道は多いが、日帰りでは無理は禁物。まずは代表的な西南稜から山頂へのコースを往復しよう。急坂を登りきり早めの昼食を西南稜でとって、余裕を持って山頂へ。帰路は蓬莱山や京都北山を眺めながら下るのが楽しい。

コース 安曇川右岸の❶**坊村バス停**に降り立つと、これから登る尾根の緑が目にも鮮やか。公衆トイレもきれいで比良最高峰の登山口にふさわしい。車利用なら左岸の駐車場からスタート。

地主神社から明王谷川の朱塗りの橋を渡ると葛川明王院であり、明王谷の厳しい行場を持つ延暦寺奥の院としての歴史を誇る。この北側に登山口があり、さっそく急登が始まる。❷**独標846**まで続くのでマイペースで登ろう。その先はしばらく尾根の巻道となり、再び急坂となって登りきると御殿山に着く。山頂は小さな広場となっていて、豪快な西南稜から武奈ヶ岳が目に飛び込んでくる。遠く見えるが、❸**ワサビ峠**へ下った後は緩やかな起伏の草原の尾根を快適に進むことができ、ぐんぐんと山頂が近づいてくる。直下は急坂だが、

▲雲取山から遠望する冬の武奈ヶ岳

ロノ深谷のミズナラ、アシウスギをあわせたブナ混生林の美しさに慰められて❹**武奈ヶ岳**山頂へ着く。山頂からは遮るもののない大パノラマが広がり、東側の比良の稜線越しの琵琶湖と、西側の高さが揃った京都北山から高島トレイルの山並みが対照的でおもしろい。

帰路は西南稜を戻るが、こうした山並みを正面に眺めながら下る気分はまた格別で、比良の蓬莱山、北山側では白倉岳、峰床山、皆子山が特に印象的。御殿山からは樹林の中をぐんぐんと下るだけだが、登頂した余韻を楽しみながらで足取りは軽い。

▲山頂からリトル比良と琵琶湖を見下ろす

琵琶湖に迫り出すようにそびえ立つ比良の名峰

蓬莱山
ほうらいさん

平 → 権現山 → ホッケ山 → 小女郎峠 → 蓬莱山 → 小女郎峠 → 下坂下

標高 1174 m

滋賀県
日帰り

| 総歩行時間 | 6時間5分 | 総歩行距離 | 10.4 km | 累積標高差 | 登り 950 m / 下り 1028 m | 登山レベル | 中級向 | 体力 ★★★☆ / 技術 ★★★☆ |

▲小女郎峠への稜線から見下ろす琵琶湖

公共交通機関
●行き：JR湖西線堅田駅▶江若バス約30分・810円▶平
●帰り：バス便は少ないのでタクシーを呼ぶ。

マイカー
●名神高速道路京都東ICから西大津バイパス、湖西道路真野IC、国道477号・367号経由で約30km。平の国道脇に有料駐車場（4台）あり。

ヒント
●平へは京阪・出町柳駅前からの京都バスもある。公共

交通でアクセスした場合は、山頂から打見山を経てびわ湖バレイロープウェイで下るのもおすすめ。

問合せ
びわ湖大津観光協会 ☎ 077-528-2772
江若バス堅田営業所 ☎ 077-572-0374
京都バス運輸部 ☎ 075-871-7521
びわ湖バレイ ☎ 077-592-1155
大津第一交通（タクシー）☎ 077-574-4000

① 平バス停 1:00 ② アラキ峠 0:50 ③ 権現山 0:40 ④ ホッケ山 0:30 ⑤ 小女郎峠 0:35 ⑥ 蓬莱山 0:20 ⑤ 小女郎峠 2:10 ⑦ 下坂下バス停

※地図はP21

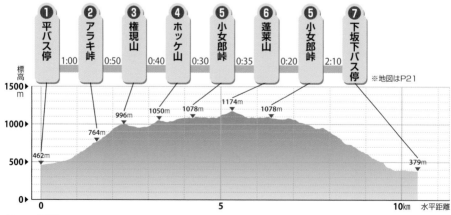

標高 1500m / 1000 / 500 / 0
462m / 764m / 996m / 1050m / 1078m / 1174m / 1078m / 379m
水平距離 0 / 5 / 10km

欄外情報 スキー場を避けて自然の残るコースを紹介したが、山の経験が少ない人にとっては打見山へのロープウェイは貴重な存在。山頂駅から蓬莱山まで登り40分、下り30分。ロープウェイは所要3分30秒。

▲小女郎ヶ池から望む蓬莱山。山頂に登る前に立ち寄り、ここで昼食をとるのもよい

権現山から琵琶湖を望みながら山頂へ
帰路は小女郎ヶ池から坂下へ下る

概要 琵琶湖の西に屏風のように連なる比良山系で、ひときわ高い円頂の山が蓬莱山。南側は自然な姿をとどめ名山にふさわしい。権現山からの稜線は快適であり、峠の西側の小女郎ヶ池に憩い、山頂を往復して静かな樹林の峠道を下って鯖街道の坂下へ。

コース ❶平バス停から国道をわずかに戻り、花折峠への旧道から登山口へ。ここから登山道となってスギ林の急坂を登ると、自然林となって権現山と折立山の鞍部である❷アラキ峠へ出る。権現山への道は再びスギ林の中となり、登るほどに急坂となる。やがて南側に比叡山が見えてくると傾斜も緩くなり❸権現山山頂に着く。琵琶湖が視界いっぱいに広がり圧巻。

ゆっくりしたいところだが、先は長いので早々に腰を上げ蓬莱山を目指そう。いったん下り、登り返すと❹ホッケ山となり、稜線は低木から草原に変わる。眼下の琵琶湖は見飽きることはな

▲坂下、琵琶湖からの道が出合う小女郎峠

い。広い尾根の真ん中に小女郎ヶ池も見えてくる。やがて稜線をくり抜いたような❺小女郎峠に着くが、ここらでいい時間となるので、小女郎ヶ池へ立ち寄り昼食としてもよい。池の南側に腰を下ろすと、池越しに蓬莱山を望める。

峠からなだらかな尾根をひと登りで❻蓬莱山山頂へ。大きなケルンと一等三角点補点、そして比良最高峰の武奈ヶ岳の眺望が出迎えてくれる。とはいえスキー場の一角と化しているので、早々に下って小女郎ヶ池方面へ。これから下る坂下への道は小女郎峠の峠道であり、自然林のなかの静かな道は古きよき時代の比良の面影を残す。反時計まわりに弧を描く尾根を伝うので、地図で現在地を確認しながら下ろう。道が尾根から谷へ降りると❼下坂下バス停は近い。

▲自然林のなかを下る坂下への道

23

歴史が刻まれた峠道と美しいブナ林で知られる

百里ヶ岳
（ひゃくりがたけ）

小入谷→根来坂→百里新道分岐→百里ヶ岳→小入谷越→小入谷

標高**931m**

滋賀県・福井県
日帰り

| 総歩行時間 | **5時間25分** | 総歩行距離 | **8.9km** | 累積標高差 | 登り **759m**
下り **759m** | 登山レベル | **中級向** | 体力 ★★☆☆
技術 ★★☆☆ |

適期…4月中～11月下　花

▲百里新道の尾根。春はイワウチワの群生が見られる

公共交通機関
●行き：京阪出町柳駅▶京都バス約1時間・1150円▶葛川梅の木▶高島市営バス約35分・220円▶小入谷
●帰り：小入谷▶高島市営バス約50分・220円▶朽木学校前▶江若バス約35分・770円▶JR湖西線安曇川駅

マイカー
●名神高速道路京都東ICから西大津バイパス、湖西道路真野IC、国道477号・367号、県道783号・781号・783号経由で小入谷越まで約56km。

ヒント
●帰りの小入谷から朽木学校前への市営バス便が17時台の1本しかなく、マイカー利用に向いた山。

問合せ
高島市観光振興課 ☎0740-25-8040
京都バス運輸部 ☎075-871-7521
江若バス安曇川支所 ☎0740-32-1371
高島市営バス（高島市朽木支所）☎0740-38-2331

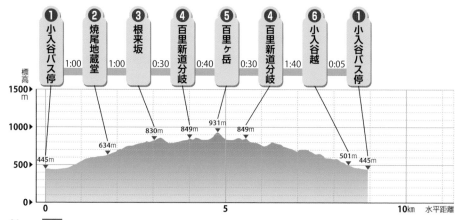

①小入谷バス停 1:00 ②焼尾地蔵堂 1:00 ③根来坂 0:30 ④百里新道分岐 0:40 ⑤百里ヶ岳 0:30 ④百里新道分岐 1:40 ⑥小入谷越 0:05 ①小入谷バス停

標高
1500m
445m　　634m　　830m　849m　931m　849m　　501m　445m
1000▶
500▶
0▶
0　　　　　　　　　　5　　　　　　　　　10km　水平距離

欄外情報　根来坂から百里ヶ岳への稜線は、高島トレイルとして歩かれているので道標や目印などは多い。

若狭から京都へと続く鯖街道の峠から 高島トレイルの稜線をたどって山頂へ

概要 江若国境の一等三角点の静かな山。山頂からは百里四方が望めたというが、今はそれほど展望はきかない。鯖街道で有名な峠道は林道が越えているが、旧道に今もその風情を留めており、根来坂から山頂に至る稜線は美しいブナ林が続いている。

コース ❶小入谷バス停から上流へと車道を進むと道が分かれる。右へ流れを渡って大倉谷林道へ入ると鯖街道の道標があり、左の尾根へと登る峠道に出合う。

昔の雰囲気が残る切り返しの峠道で、登って行くと車道の林道小入谷線に出て、少し林道を歩くと❷焼尾地蔵堂がある。眼下の眺望もよく、休憩にはいいところだ。このお堂から再び旧道に入るが、峠まで車道と何度か出合う。

根来坂の峠の手前で、車道は左へと向きを変えおにゅう峠を越えているが、峠道は尾根の山腹を登って❸根来坂の峠に出る。ここにはブナの大木、石仏を祀る小祠、石塔などがあり、情趣漂う峠の風情を残しており、木の間越しに百里ヶ岳が見え

▲雪の残る百里ヶ岳頂上。樹林に囲まれ展望はきかない

ている。

峠から東へ稜線通しに百里ヶ岳に向かう。ブナ林と植林地の道はよく整備されて歩きやすい。ゆったりとしたアップダウンがあって、右へと小入谷越への道を分ける❹百里新道分岐と出合う。

百里ヶ岳へ登りが続き、雑木の自然林からやがて美しいブナ林が包む道となる。最後の急登を登りきると❺百里ヶ岳の山頂に着く。樹林があって展望はあまりきかない。

❹百里新道分岐まで戻り左に下る尾根道に入る。シチクレ峠に下ってから大きなアップダウンが続く大きな尾根で、春はイワウチワの群生が見られる。長い下りが続いて車道の❻小入谷越に着く。マイカーではここが起点で、最後に小さな谷道を下って❶小入谷バス停に戻る。

▲ブナの巨樹が枝を広げる根来坂

1:50,000
0 　 500 　 1000m
1cm=500m
等高線は20mごと

京都大学芦生研究林と境を接する奥深い原生林の山

三国岳（みくにだけ）

標高959m

滋賀県・京都府

日帰り

古屋郵便局前→保谷登山口→岩谷峠→三国岳→下ツボ谷登山口→桑原橋

総歩行時間	総歩行距離	累積標高差	登山レベル
5時間10分	8.2km	登り…635m 下り…657m	中級向 体力…★★☆☆ 技術…★★☆☆

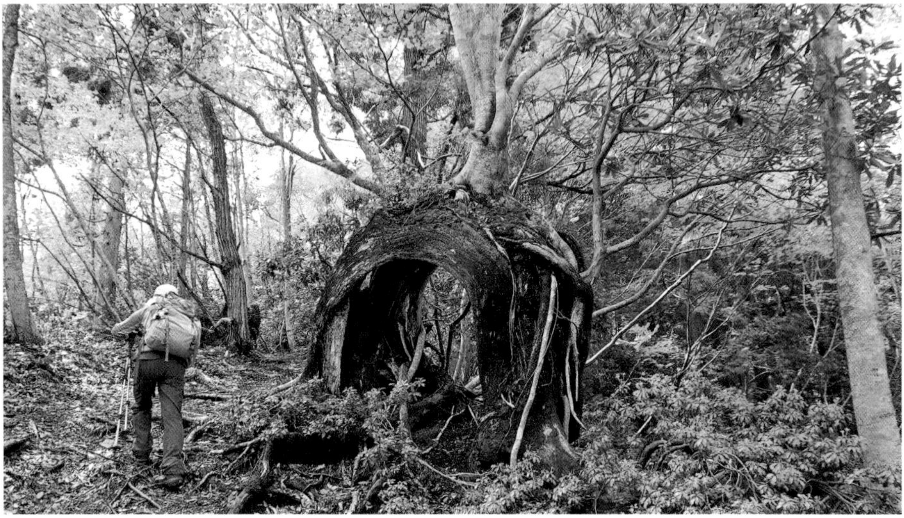

▲岩谷峠道にあるU字型に曲がった変木は自然の造形の妙

公共交通機関

●行き：京阪出町柳駅▶京都バス約1時間・1150円▶葛川梅の木▶高島市営バス約30分・220円▶古屋郵便局前　●帰り：桑原橋▶高島市営バス約45分・220円▶朽木学校前▶江若バス約35分・770円▶JR湖西線安曇川駅

マイカー

●名神高速道路京都東ICから西大津バイパス、湖西道路真野IC、国道477号など経由で古屋まで約53km。

ヒント

●帰りのバス便が17時台の1本しかなく、周辺に駐車場もないため、タクシーの利用も考えておきたい。

問合せ

高島市観光振興課☎0740-25-8040
京都バス運輸部☎075-871-7521
江若バス安曇川支所☎0740-32-1371
高島市営バス（高島市朽木支所）☎0740-38-2331

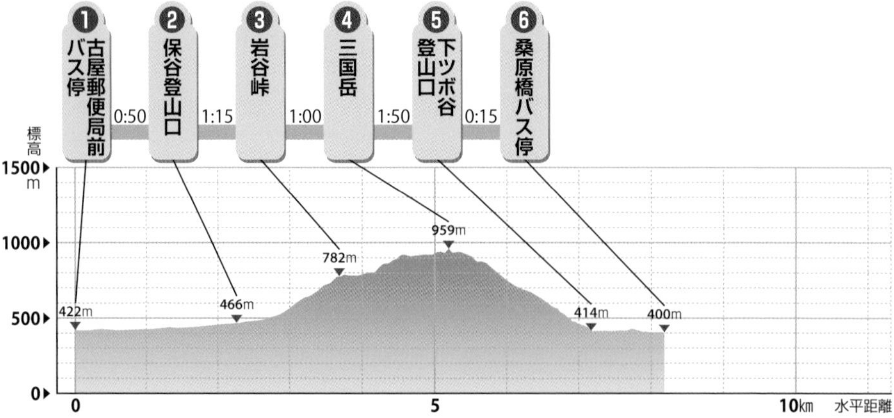
1 古屋郵便局前バス停
0:50
2 保谷登山口
1:15
3 岩谷峠
1:00
4 三国岳
1:50
5 下ツボ谷登山口
0:15
6 桑原橋バス停
標高
1500m
1000
500
0
422m
466m
782m
959m
414m
400m
0
5
10km
水平距離

欄外情報　コースの一部は高島トレイルとして歩かれているので道標や目印などは多いが、芦生研究林側は奥深く険しい山なのでコースをはずさないように慎重に歩きたい。

岩谷峠道の春はシャクナゲの花街道
原生林の魅力を満喫しながら登る

概要 三国岳は旧国名の近江、丹波、山城の三国が境を接する山頂で、どこを向いても山また山が連なっている。登山道は稜線の高島トレイルのほか、滋賀県側朽木の桑原、京都の久多からの岩屋谷の道がある。丹波側は芦生の森の原生林として知られている。

コース ❶**古屋郵便局前バス停**から上流に向かうと橋を渡ったところに保谷林道の入口がある。林道を50分ほど歩いて左に林道が分かれるところが❷**保谷登山口**。左に橋を渡り何度か流れを渡ってしばらく歩くと谷沿いの登山道となる。

谷道を進み右へと山腹を斜めに上がって行くと尾根道となる。ここに木がU字形に曲がり、さまざまな木が着生した変木がある。ここからは尾根を真っ直ぐに登る道で、春はシャクナゲや足元にイワカガミの花が続く花街道となる。

稜線に近づくと江戸期に建てられた石塔があ

▲京大芦生研究林との境に位置する岩谷峠

り、この上が❸**岩谷峠**。植林地と自然林が混じるゆったり広がる峠で、向こう側が京都大学芦

▲シャクナゲの花に彩られる岩谷峠道

生研究林だが道はない。稜線は高島トレイルとして整備され最近ではよく歩かれるようになった。

道はアップダウンがあってから登りとなる。右は原生林で大きなブナが見られ、左側は時おり開けて百里ヶ岳など朽木の山々が望める。登りきると右側は緩やかな谷、原生林が広がる大谷の源流が開けている。そして左に道を分けるのが下山ルートで、真っ直ぐに進みまた道が分かれて右へと登ると❹**三国岳**に着く。頂上は切り開かれて比良の山並みが望めるが、他は樹林にふさがれている。

分岐に戻り東へと下るが、下り始めが分かりにくいので注意したい。あとは踏み跡を追って行けば、最後は雑木林が広がって左に下ると❺**下ツボ谷登山口**の林道に出る。林道を15分ほど歩くと❻**桑原橋バス停**だ。

上級
中級
初級
入門

小入谷・生杉
針畑休憩所
針畑休憩所前
能家
北川
・652
❶古屋郵便局前バス停
能家口
保谷登山口❷
818
0:50
古屋
滋賀県
高島市
・707
流れを何度か渡る
1:15
右に尾根へと登る
石塔
811・
岩谷峠❸
下ツボ谷登山口❺
桑原
❻桑原橋バス停
・725
京都府
南丹市
百里ヶ岳・駒ヶ岳の眺望
1:00
500
600
686
0:15
400
N
1:50:000
800
三国岳
500 1000m
比良山系の展望
1cm=500m
芦生研究林
三国岳❹
・959
朽木学校前
等高線は20mごと

関西 [琵琶湖周辺]

適期…通年

大展望

近江富士の名を持ち、ムカデ退治の伝説で知られた神体山

三上山
みかみやま

標高**432m**

滋賀県
日帰り

御上神社前 → 表登山道登山口 → 三上山 → 花緑公園 → 希望が丘西ゲート

総歩行時間	**2時間5分**	総歩行距離	**4.4km**	累積標高差	登り **376m** 下り **340m**	登山レベル	**入門向**	体力 ★☆☆☆ 技術 ★☆☆☆

▲琵琶湖が光る山頂からの眺め

公共交通機関

●行き：JR東海道本線野洲駅▶滋賀バス約5分・230円▶御上神社前　●帰り：希望が丘西ゲート▶近江鉄道バス約15分・320円（土曜・休日運転）▶野洲駅

マイカー

●名神高速道路栗東ICから国道8号経由で御上神社駐車場まで約4km。

ヒント

●JR野洲駅から表登山道登山口まで徒歩で40分ほど。

下山地では花緑公園と希望が丘西ゲートを通る2路線のバス便があるので時間の合う方を。紹介コース以外にもう一つ裏登山道がある。マイカー登山なら表・裏登山道の周回コースがおすすめ。

問合せ

野洲市商工観光課☎077-587-6008
滋賀バス甲西営業所☎0748-72-5611
近江鉄道バス☎0749-22-3306

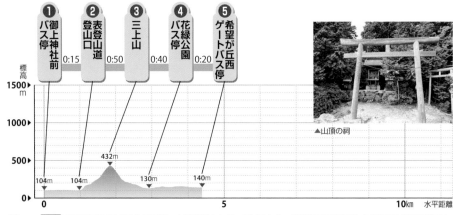

▲山頂の祠

❶御上神社前バス停 0:15 ❷表登山道登山口 0:50 ❸三上山 0:40 ❹花緑公園バス停 0:20 ❺希望が丘西ゲートバス停

標高 1500m / 1000 / 500 / 0
104m 104m 432m 130m 140m
0 5 10km 水平距離

欄外情報 9月下旬から11月上旬の間、山は松茸山となっているため、初穂料500円の入山券を御上神社で購入しなければならない。

どこから見ても目立つ秀麗な山容
散歩感覚の登山で山頂からは見事な眺め

概要 山頂には御上神社の奥宮が祀られており、社殿と森と山が一体の神体山とされる秀麗な山。表登山道は急登が続く道で、山頂からは近江平野、琵琶湖、比叡・比良の大きな眺望が開け、低いながらも山に登る充実感を満たしてくれる。

コース ❶御上神社前バス停から境内を散歩してから山へと向かう。国道8号を渡り山出集落の妙見堂の常夜灯から狭い家並の間の石段を登るところが❷表登山道登山口。ここには鹿除けの柵が設けられている。妙見堂跡を過ぎると急な登りが山頂まで休みなく続く。松茸山だけにアカマツ林で、しっかりと踏まれた登山道が続く。

ぐんぐんと高度を上げると割岩という岩場があり、右に岩の間を抜ける道が分かれている。この上も露岩を通るところがあるが、しっかりとした鉄製の手すりが設けられていて、眺望も楽しめる爽快な登りだ。山頂下の露岩からは大パノラマが開け、平野を貫く野洲川がキラリと光り、家々や

▲表登山道からは湖南の平野が開ける

ビルが寄り合う市街地と田んぼの広がりの先に琵琶湖が横たわっている。低い山だけに眺めも近くて迫力がある。❸三上山山頂にはしめ縄が張られた磐座があり、鳥居が立つ。奥宮が祀られたその背後の林の中に広場があってベンチが置かれている。

花緑公園へはここから少し下ると、ジグザグの一般向きコースと真っ直ぐに下る健脚向きコースに分かれ、交差しながら下って行く。滑りやすい急坂なのでゆっくりと下ろう。林道に出たところに案内板があり、右に下ると公園の施設を抜けて❹花緑公園バス停。バスの時間によっては❺希望が丘西ゲートバス停を利用しよう。

野洲駅
JR琵琶湖線（東海道本線）
野洲市役所
小篠原
真福寺
稲荷神社
野洲駅
辻ダム
養専寺
野洲中
田中山
△292.9
辻町
野洲小
行畑
東海道新幹線
8
滋賀県
野洲市
希望が丘南線
N
1:25,000
0　250　500m
1cm=250m
等高線は10mごと
唯心寺
妙光寺山
△267
野洲高
西光寺
妙光寺
希望が丘ユースホステル
希望が丘
西ゲートバス停 ❺
0-20
御上神社前バス停 ❶
御池
裏登山道との分岐
案内板あり
表登山道との分岐
展望がよい
二越
三上山
林業普及センター前
希望が丘文化公園
里の家
ふるさと館
桜池
登山道案内板
近江富士花緑公園
0-15
三上山
（雄山）❸
432
0-40
ロッジ
植物園
妙見堂跡
天保義民碑
0-50
割岩
急坂
（健脚向きコースと一般向きコースがある）
花緑公園バス停 ❹
御上神社
表登山道
登山口 ❷
裏登山道
急坂
（手すりあり）
栗東IC
北桜

奇岩と四季折々の自然美をもつ鈴鹿の盟主

御在所岳
（ございしょだけ）

標高 1212 m

三重県・滋賀県
日帰り

湯の山温泉 → 地蔵岩 → 御在所岳 → 国見峠 → 藤内小屋 → 湯の山温泉

総歩行時間	総歩行距離	累積標高差	登山レベル
6時間	**8.9km**	登り **1019m** 下り **1019m**	**中級向** 体力 ★★★☆ 技術 ★★★☆

▲ツツジが山肌を彩る中道から伊勢湾を望む

公共交通機関

●往復：近鉄湯の山線湯の山温泉駅▶三重交通バス約10分・360円▶湯の山温泉・御在所ロープウエイ前

マイカー

●新名神高速道路菰野ICから国道477号、県道577号経由で約5km。御在所ロープウエイの湯の山温泉駅に有料駐車場あり。国道477号沿いにも駐車スペースがあるが、早朝のうちに満車となることが多い。

ヒント

●藤内小屋は土曜・祝前日なら宿泊可（要予約）。

問合せ

菰野町観光産業課 ☎059-391-1129
三重交通バス四日市営業所 ☎059-323-0808
御在所ロープウエイ ☎059-392-2261
藤内小屋 ☎090-3151-7236
日向小屋 ☎090-6071-6895

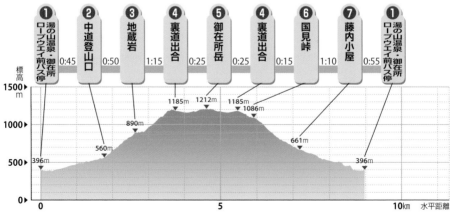

① 湯の山温泉・御在所ロープウエイ前バス停　0:45
② 中道登山口　0:50
③ 地蔵岩　1:15
④ 裏道出合　0:25
⑤ 御在所岳　0:25
④ 裏道出合　0:15
⑥ 国見峠　1:10
⑦ 藤内小屋　0:55
① 湯の山温泉・御在所ロープウエイ前バス停

標高 m
1500
1000
500
0

396m　560m　890m　1185m　1212m　1185m　1086m　661m　396m

0　　　　5　　　　10km　水平距離

欄外情報　駐車場は観光シーズンになると朝早いうちに混雑する。源泉かけ流しのグリーンホテル内の温泉や、アクアイグニス片岡温泉には、マイカーが便利。冬期は美しい樹氷が見られるが、軽アイゼンは必携。

ツツジ、紅葉、霧氷と四季に魅力あり ロープウエイの利用もOK

概要 鈴鹿山系の盟主として著名な御在所岳は、手軽に山頂近くに登れるロープウエイや、麓の湯の山温泉で知られ、観光客も多い。複数のルートがあるなか、ここでは奇岩と眺望を楽しめる中道と、ロッククライミングで知られる藤内壁が望める裏道を紹介する。

コース ●湯の山温泉・御在所ロープウエイ前バス停からロープウエイ駅の裏を抜け、突き当たりを左折、県道に出て道なりに行く。一の谷茶屋跡から山道を登り、国道を渡った先が❷中道登山口だ。

風化花崗岩がU字型に削れた急坂を登る。尾根に取り付けば、急峻な一ノ谷と御在所岳が正面に望める。やがて巨岩が斜めに重なった負ばれ石が現れると、北アルプスを髣髴とさせる岩尾根帯になる。四角い岩が微妙なバランスで斜めに乗っている❸地蔵岩で振り返れば、伊勢湾の雄大な眺めが眼下に広がる。

クサリ場を慎重に下りてキレットを過ぎ、高度を稼ぐ。八合目では北側を巻いて細心の注意でクサリ場を下降する。最後の急登をしのげば遊歩道に出る。富士見岩の展望台で絶景を楽しもう。

▲中道コースの地蔵岩越しに伊勢平野を望む

❹裏道出合を経て遊歩道を進むとレストランや公衆トイレのある広場に出る。西へ15分ほどで、一等三角点が鎮座する❺御在所岳山頂に着く。

もとの道をしばらく引き返し、❹裏道出合から❻国見峠へ向かう。峠で右折し、荒々しく崩壊した北谷の左岸を下りていく。関西クライマーのメッカ、藤内壁を右に眺めながら下り続ける。兎の耳と呼ばれる岩からは、大きく開けた河原歩きとなり、❼藤内小屋に着く。藤内小屋からは沢を2回渡って、鉄骨製の大堰堤をくぐる。大堰堤の横には、土石流で一度は崩壊した日向小屋が新築されていて、週末は食事付きで泊まることができる（要予約。平日の利用は問い合わせを）。

林道広場を横断し赤茶けた流れを見ながら国道をくぐる。蒼滝茶屋跡を経て石段を下れば❶湯の山温泉・御在所ロープウエイ前バス停に着く。

春を呼ぶフクジュソウが咲き誇る花の名山

藤原岳
（ふじわらだけ）

西藤原駅 → 聖宝寺 → 八合目 → 藤原岳 → 八合目 → 西藤原駅

標高 **1140** m
三重県・滋賀県
日帰り

総歩行時間	**4時間25分**	総歩行距離	**8.5** km	累積標高差	登り **1092** m / 下り **1092** m	登山レベル	**初級向**	体力 ★★☆☆ / 技術 ★★☆☆

▲広い台地状になっている藤原岳山頂の秋景色

公共交通機関

●往復：三岐鉄道三岐線西藤原駅を利用。西藤原駅は三岐線の終着駅で、電車はおおむね1時間に2本程度。

マイカー

●東海環状自動車道大安ICから国道365号・306号経由で約11km。旧西藤原小学校向かいの観光駐車場か、聖宝寺道登山口の駐車場を利用する（ともに有料）。

ヒ ン ト

●梅雨シーズンは標高500〜600mあたりまではヤマビルが出ることがあり、肌を露出させないなどの工夫が必要。

問 合 せ

いなべ市商工観光課 ☎0594-86-7833
三岐鉄道西藤原駅 ☎0594-46-2806

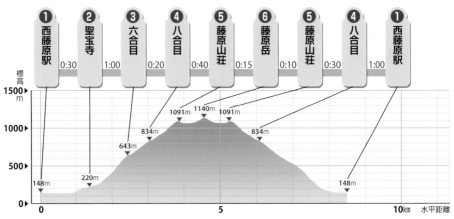

❶ 西藤原駅　0:30　❷ 聖宝寺　1:00　❸ 六合目　0:20　❹ 八合目　0:40　❺ 藤原山荘　0:15　❻ 藤原岳　0:10　❺ 藤原山荘　0:30　❹ 八合目　1:00　❶ 西藤原駅

標高 m　1500　1000　500　0

148m　220m　643m　834m　1091m　1140m　1091m　834m　148m

0　5　10km　水平距離

欄外情報　山頂付近の台地には、秋はテンニンソウやカワチブシが咲き乱れる。残雪時は軽アイゼンを持参。マイカーなら、国道306号を南東へ約6kmで阿下喜温泉あじさいの里（☎0594-82-1126）がある。

山野草を愛でながら聖宝寺道を登る
下りは表登山道の大貝戸道へ

概要 東側は採石場のため無残な姿をさらしている藤原岳だが、北東部は、冬期の深雪と、石灰岩質の土壌に根を張って水分を蓄える広葉樹林によって、豊かな自然が維持されている。数多くの山野草が育まれ、これを観賞に通いつめるファンも多い。

コース ❶西藤原駅を左に出て舗装道を行く。地蔵堂の角から左に鳴谷神社の鳥居を見て、石段道をとりニジマス養殖池の横をすり抜けると❷聖宝寺（登山道出合）。寺の右側を裏手に回りこみ登山道に取り付く。大堰堤の先で沢を渡り、最初は単調な植林の中の急登となるが、滑りやすい石にはご用心。五合目を過ぎれば自然林に一変する。

平坦な❸六合目は休憩によい場所だ。3月中〜下旬、このあたりから残雪を割ってフクジュソウが花を咲かせる。植生保護エリアには立ち入らないようにしよう。沢伝いに登れば、対岸の斜面にフクジュソウ群落の鮮やかな黄色が目にまぶし

▲聖宝寺道に咲くフクジュソウ

い。❹八合目は、帰路にとる大貝戸道との分岐点だ。この先も急坂、浮石、滑りやすい残雪など、つらい行程ではあるが、春の草花が次々に現れ、疲れを感じさせない。樹木がまばらになり、四日市方面を眺めながら登ると、❺藤原山荘（避難小屋）に出る。山頂部はカレンフェルト地形の広い台地状になっている。南へわずかで、❻藤原岳の山頂・展望丘だ。全方位のパノラマが待っている。

山頂からは❺藤原山荘に戻り、時間と体力が許せば北西の天狗岩を往復するのもよい（往復約1時間）。下山は往路を❹八合目まで戻り、右の大貝戸道をとり、植林の中をたんたんと下る。ミスミソウ、ミヤマカタバミ、ミノコバイモなどの小さな花が登山道脇を彩っている。神武神社と、大貝戸登山口の立派な休憩所を過ぎ、車道を右折すれば❶西藤原駅に戻る。

上級
中級
初級
入門

1:25,000
0　250　500m
1cm=250m
等高線は10mごと

N

三重県
いなべ市

滋賀県
東近江市

寺の裏を巻く ・267
・149

聖宝寺❷
（登山道出合）

鳴谷神社

地蔵堂

観光駐車場

△132.9

大貝戸

急登
大堰堤
（荒れ気味）

・597
聖宝寺道
裏登山道
← 1:00

西藤原小学校
（閉校）

六合目❸

七合目
天狗岩に足を延ばすなら
往復約1時間プラス
→ 0:20

登山口休憩所

神武神社
（大貝戸登山口）

❶西藤原駅

三岐鉄道

833
五合目
・639
大貝戸道
表登山道
1:00

❀ミスミソウ
ミノコバイモ

急坂の下り

・1171
天狗岩

❹八合目（広場）
❀フクジュソウ群落
（ロープ内立入禁止）

藤原山荘❺
1128

・326

西野尻

・841

坂本

白瀬峠・卸也岳

・1149
藤原岳❻

藤原岳

△1009.6

採石場（立入禁止）

けいせき

近鉄富田駅

・332

鈴鹿山脈の主峰を一望できる、霧氷の山

綿向山
（わたむきやま）

御幸橋駐車場 → 五合目小屋 → 綿向山 → 五合目小屋 → 御幸橋駐車場

標高 1110m
滋賀県
日帰り

総歩行時間	**5時間10分**	総歩行距離	**8.8km**	累積標高差	登り 801m 下り 801m	登山レベル	**初級向**	体力 ★★☆☆ 技術 ★★☆☆

▲冬道で出合う見事な霧氷

適期…通年

大展望

公共交通機関
●往復：JR琵琶湖線近江八幡駅▶近江バス約1時間5分・740円▶北畑口乗り換え▶日野町営バス約6分・220円▶西明寺口　※便数が少なくマイカー向き。

マイカー
●名神高速道路蒲生スマートICから国道477号、県道182号経由で御幸橋駐車場（約50台・無料）まで約25km。霧氷シーズンは早朝に駐車場が満車になる。冬期はノーマルタイヤでの駐車場進入は禁止。

ヒント
●コースは7合目から夏道と冬道に分かれるが、冬道は積雪が少ないうちは閉鎖。夏道は冬期、危険なため、7合目上部の登山自粛が呼びかけられている。

問合せ
日野観光協会 ☎0748-52-6577
綿向生産森林組合 ☎0748-52-0010
近江鉄道バス（日野町営バスも）☎0748-22-5511

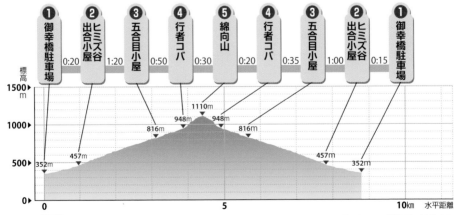

御幸橋駐車場 ❶
ヒミズ谷出合小屋 ❷ 0:20
五合目小屋 ❸ 1:20
行者コバ ❹ 0:50
綿向山 ❺ 0:30
行者コバ ❹ 0:20
五合目小屋 ❸ 0:35
ヒミズ谷出合小屋 ❷ 1:00
御幸橋駐車場 ❶ 0:15

標高 m
1500m
1110m
1000m
948m 948m
816m 816m
500m
457m 457m
352m 352m
0m
0　　　　　5　　　　　10km　水平距離

欄外情報　クルマで30分ほどのところに日帰り湯の蒲生野の湯（☎0748-57-1426）がある。滋賀県ではめずらしい源泉かけ流しの温泉。10〜20時、木曜休、800円（土日祝900円）。

美しいブナ林と霧氷の山から
鈴鹿山系の名峰群を望む

概要 綿向山は、鈴鹿山脈の主脈を外れているものの、標高1000mを超えた堂々たる山容を誇り、山頂からは藤原岳、竜ヶ岳、釈迦ヶ岳、雨乞岳、鎌ヶ岳など鈴鹿山脈の名だたる名峰をズラリ一望できる。冬期は美しい霧氷で人気が高い。

コース ❶**御幸橋駐車場**から川沿いに進み、大堰堤の前で右の坂を登り林道に合する。「綿向山麓の接触変質地帯」の説明板を経て、❷**ヒミズ谷出合小屋**へ。小屋の前を通り、橋を渡る。植林帯をジグザグに登り、一度林道に合流したあと、3合目への道標に従って進むと、あざみ小舎に着く。

歩きやすい道が続き、開けた斜面に赤い屋根が鮮やかな❸**五合目小屋**に出る。輝く琵琶湖の向こうに比良山系が遠望できる。山肌を巻きながら緩やかに登り、ブナの自然林が出てきたら、役行者堂が立つ7合目の❹**行者コバ**に着く。

7合目からは、積雪期には夏道は雪崩の危険があるため、稜線ルートの冬道を行く。冬道は、北

▲赤い屋根が目立つ5合目の避難小屋

風は受けるが美しい霧氷が見られるところだ。なお、無雪期は夏道を登る。大きなケルン（青年の塔）と大嵩神社の祠がある❺**綿向山**の頂に出たら、鈴鹿山系のパノラマを楽しみつつ大休止しよう。

山頂から稜線を北に少し下りたところに、深雪で変形した「ブナの珍変木」がある。くぐると幸せになる「幸福ブナ」とも呼ばれ、おもしろい。無積雪期なら、ここから竜王山を経て西明寺へ周回してもよい。5月上旬には竜王山付近の尾根筋のシャクナゲが美しい。幸福ブナからは往路を戻ることにしよう。

614
913
竜王山
825.8△ シャクナゲ 842
487
卍西明禅寺
竜王山登山口
西明寺
冬は車のスリップに注意
663
962
東近江市
0.20
出合小屋
ヒミズ谷
五合目小屋 ❸
赤い屋根が目印
行者コバ ❹
幸福ブナ
綿向山
西明寺口 ᴾ
0.15 0.15
❶御幸橋駐車場
0.20
綿向山麓の接触変質地帯
1:20
1:00
あざみ小舎
0:50
0:35
ブナ林
951
0:30
夏道
0:20
❺綿向山
1110
322
678.1
植林帯の単調な道が続く
550
500
600
550
冬期は危険
鈴鹿主稜の絶景が広がる
甲賀市
N
滋賀県
日野町
985
1:25,000
0 250 500m
1cm=250m
等高線は10mごと
992
548

適期…4月下〜11月下 ▲ 大展望

京都府最高峰にふさわしい雄大な東尾根コース

皆子山
（みなこやま）

平→東尾根→露岩→皆子山→露岩→東尾根→平

標高971m
京都府・滋賀県
日帰り

総歩行時間	4時間20分	総歩行距離	6.4km	累積標高差	登り 651m 下り 651m	登山レベル	中級向	体力…★★☆☆ 技術…★★★☆

▲皆子山東尾根からの眺望。山並みの向こうには琵琶湖がかすむ

公共交通機関
●行き：JR湖西線堅田駅▶江若バス約30分・810円▶平 ●帰り：バス便は少ないのでタクシーを呼ぶ。

マイカー
●名神高速道路京都東ICから西大津バイパス、湖西道路真野IC、国道477号・367号経由で約30km。平の国道脇に有料駐車場（4台）あり。

ヒント
●平へは京阪・出町柳駅前からの京都バスもあるが、い

ずれも午後の便はないので、下山後はタクシーを呼ぶことになる。平バス停近くの駐車場料金は料金箱へ。土曜・休日はすぐに満車となる。

問合せ
びわ湖大津観光協会 ☎ 077-528-2772
江若バス堅田営業所 ☎ 077-572-0374
京都バス運輸部 ☎ 075-871-7521
大津第一交通（タクシー）☎ 077-574-4000

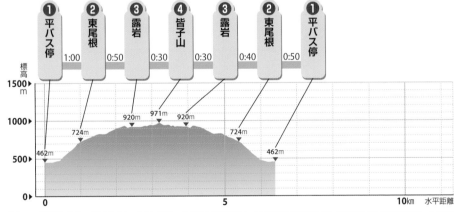

欄外情報：寺谷、皆子谷そしてアシビ谷、ツボクリ谷の谷コースが登られてきたが、沢を歩いたり徒渉があったりで山慣れた人向け。沢筋はヤマビルもいるので休憩ごとによく確かめたい。

安曇川を渡り急な小尾根から東尾根へ
琵琶湖展望の露岩に憩い山頂へ

▲登山口に立つ正教院

概要 近年ササが枯れて谷道が歩きにくくなり、その一方で尾根ルートの山仕事の道を地元で整備したこともあって快適に歩けるようになった。仲平橋を渡り寺裏の墓地から山道は始まる。東尾根へ出ると傾斜も緩く、歩きやすい。尾根を伝い、露岩の休憩ポイントまで来ると山頂は近い。

コース ❶平バス停から安曇川に架かる仲平橋を渡り、正教院の前を通り抜けると北側に墓地がある。その入口から山へ向かう道があり、これを登る。進むほどに尾根は狭まり、急となる。頑張ってスギ林の小尾根を登りきると、広くてなだらかな皆子山❷東尾根へ出る。尾根の南側が自然林となり、ここで琵琶湖の南湖が木立の合間から見えるのでひと息入れるといい。

再びスギ林が続くが、断続的に自然林が現れ、登山口の平集落が眼下に開けたり、独標837を越えると右手北側に隣接する峰床山、八丁平方面の山並みが木立の切れ間に見えたりして退屈することはない。独標941で進路を直角に曲げると

ころが注意すべきところだが、テープを追って進もう。やがてスギ林から抜け出て大きく開けた❸露岩へ出る。昼食にいい場所で、岩から眺める蓬莱山から比叡山までの山並みと琵琶湖は絶景。

さらに尾根を伝い、ひと登りすると寺谷道と合流し、振り返ると登ってきた東尾根が一望できる。その背後には権現山から蓬莱山の稜線が高く、美しいスカイラインを描く。木立を抜けると❹皆子山山頂となる。三角点を中心に広場となっており、比良最高峰の武奈ヶ岳が望めるように北側が切り開かれていて、緩やかにのびる西南稜と尖った山頂が印象的だ。

帰路は展望を楽しみながら往路を戻る。

皆子山

皆子山❹
971
武奈ヶ岳が望める
琵琶湖と蓬莱山の展望雄大
0:30
941
❸露岩
0:40 0:50
837
坂下トンネル
（4台・有料）P
367
杣の道（茶屋）
❶平バス停
寺北側墓地から登る
東尾根❷
1:00
0:50
卍正教院
仲平橋
小尾根の急登
仲平橋〜寺谷出合は40分。
寺谷出合〜皆子山は
登り1時間40分、
下り1時間20分程度
京都府
京都市
左京区
834
寺谷出合
489 寺谷橋
滋賀県
大津市
花折トンネル
花折峠
蓬莱山
アラキ峠
N
1:25,000
0 250 500m
1cm=250m
等高線は10mごと
平への分岐
ヒノコ
林道終点
・762
堅田駅・出町柳駅・裏野IC

京の奥座敷・花背にあって、古き良き北山の面影を残す

雲取山
（くもとりやま）

花背高原前 → 一ノ谷出合 → 雲取峠 → 雲取山 → 二ノ谷出合 → 花背高原前

標高**911m**	
京都府 **日帰り**	

| 総歩行時間 | **3時間30分** | 総歩行距離 | **6.7km** | 累積標高差 | 登り **552m** 下り **552m** | 登山レベル | **中級向** | 体力 ★★☆☆ 技術 ★★★☆ |

▲雲取峠付近から望む冬の比良山系

公共交通機関
●往復：京阪出町柳駅▶京都バス約1時間15分・740円 ▶花背高原前

マイカー
●名神高速道路京都南ICから国道1号、府道38号、国道477号経由で約30km。阪神高速8号京都線鴨川西出入口からもほぼ同様のルートで約30km。花背高原前バス停の手前に有料駐車場あり。

ヒント
●花背高原前からの帰りのバスは平日1本、土曜・休日2本（うち1本は冬期運休）。乗り遅れないよう、早め早めの行動を。

問合せ
左京区花脊出張所 ☎075-746-0215
京都バス高野営業所 ☎075-791-2181

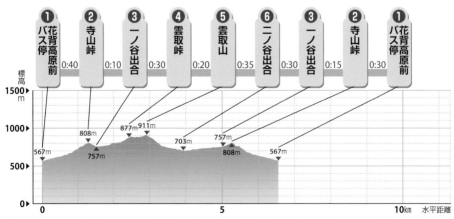

① 花背高原前バス停 — 0:40 — ② 寺山峠 — 0:10 — ③ 一ノ谷出合 — 0:30 — ④ 雲取峠 — 0:20 — ⑤ 雲取山 — 0:35 — ⑥ 二ノ谷出合 — 0:30 — ③ 一ノ谷出合 — 0:15 — ② 寺山峠 — 0:30 — ① 花背高原前バス停

標高 567m / 808m / 757m / 877m / 911m / 703m / 757m / 808m / 567m

欄外情報 時間の余裕があれば二ノ谷出合から西へ向かい、歌舞伎「菅原伝授手習鑑」ゆかりの芹生から貴船へ抜けるコースもおすすめ。約2時間。車道だが通る車は少なく、美しい北山杉を見ながら快適に歩くことができる。

かつてスキー場があった京の奥座敷から大学山小屋が残る地元岳人なじみの山へ

概要 花背別所は標高600m近くあり、ひと登りで寺山峠を越え、一ノ谷へ。北山らしい谷道で心も和ませながら雲取峠へ。尾根の巻道を伝いながら高度を上げると樹林の中の雲取山山頂に着く。帰路は自然林の残る二ノ谷コースを経由。

コース 鞍馬から花背を越えて最初の集落が花背別所であり、その中心部に**❶花背高原前バス停**がある。西に林道を歩いていくと花背スキー場跡となる。ここからスギ林の中の山道を登ると**❷寺山峠**に着く。木立に遮られて展望はないが、静かな北山らしい峠だ。

少し下ると**❸一ノ谷出合**へ出るが、流れる川は桂川（大堰川）支流灰屋川の源流にあたる。穏やかな渓流沿いの道を進むと、やがて傾斜が増し、登りきると木立が切れて明るい**❹雲取峠**へ。ひと息いれたら西側の森に入り、尾根を巻いて快適な道が続く。峰をひとつ越えた鞍部へ出ると、その先は尾根伝いの道となってしばらくで**❺雲取山**山頂へ着く。三角点があるだけの樹林の山頂だ。

▲雲に覆われた冬の雲取峠

急斜面を樹林の美しい二ノ谷源頭へ下り、涸滝状の岩場を巻いてしばらく進むと立命館大WV山小舎前に出る。沢沿いの気持ちのいい場所に立っているが中へ入ることはできないので、外のベンチで休憩させてもらおう。ここから渓流伝いの道となり、このあたりではめずらしい深い自然林の谷で心が和む。やがて一ノ谷と合流する**❻二ノ谷出合**となり、林道となる。とはいえすぐに林道は右岸へ移り、左岸側の山道を歩くと**❸一ノ谷出合**へ着き、ここから朝来た道を進むと**❶花背高原前バス停**へ戻る。様子の知れた道を歩きながら、苔むした細やかな表情の渓流を眺める楽しさは北山ならではのもの。

京都府
京都市
右京区

雲取峠❹

雲取山

樹林の山頂

雲取山❺

0:20

0:30

911

岩場（巻き道あり）

花背大布施町

ハカタリ峠

京都産大
WV小屋

京都市
左京区

別所川

小屋

0:30

800

立命館大
WV山小舎

0:35

自然林の美しい谷を
徒渉をくり返して下る

❸一ノ谷出合

0:10

0:15

❷寺山峠

北山杉の道

鞍馬街道

花背山の家

0:30

0:40

ワイルド
フィールド

477

0:30

花背スキー場跡

❶花背高原前
バス停

N

1:25,000

0   250   500m

1cm=250m
等高線は10mごと

❻二ノ谷出合

（有料）P

HANA-Re

別所上ノ町

花背宮川邸

灰屋川

芹生・貴船

鞍馬・京都市街

関西 [京都]

適期…梅雨、夏期を除く通年 花

惟喬親王が都を眺めたと伝わる鴨川源流の山

桟敷ヶ岳
さじきがたけ

雲ヶ畑岩屋橋 → 岩屋不動 → 薬師峠 → 桟敷ヶ岳 → 祖父谷峠 → 雲ヶ畑岩屋橋

標高896m

京都府
日帰り

総歩行時間	5時間10分	総歩行距離	12km	累積標高差	登り	765m	登山レベル	初級向	体力	★★☆☆
					下り	765m			技術	★★☆☆

▲ナベクロ峠から祖父谷峠へ向かう尾根

公共交通機関
●往復：京都市営地下鉄北大路駅▶雲ヶ畑バスもくもく号約30分・700円▶雲ヶ畑岩屋橋 ※運行車両は9人乗りのジャンボタクシー。大人数で利用する場合は、事前に営業センターまで連絡を。

マイカー
●名神高速道路京都南ICから国道1号、堀川通、府道38号経由で約24km。駐車場はないので、公共交通機関でのアクセスが望ましい。

ヒント
●マイカーの場合、雲ヶ畑集落から岩屋橋までの道路は非常に狭く、注意して運転を。雲ヶ畑岩屋橋バス停に公衆トイレあり。

問合せ
京都市北区雲ヶ畑出張所 ☎075-406-2001
彌榮自動車上堀川営業センター ☎075-491-0251

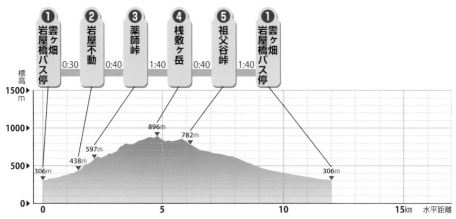

❶ 雲ヶ畑岩屋橋バス停	0:30	❷ 岩屋不動	0:40	❸ 薬師峠	1:40	❹ 桟敷ヶ岳	0:40	❺ 祖父谷峠	1:40	❶ 雲ヶ畑岩屋橋バス停

標高
1500m
1000m
896m
782m
597m
500m
438m
306m
306m
0m
0   5   10   15km 水平距離

欄外情報 岩屋橋にある料理旅館洛雲荘（☎075-406-2204）では冬は牡丹鍋、夏は川床が楽しめる（完全予約制）。秋の紅葉目当ての観光客も多い。マイクロバスによる送迎あり。

▲志明院の右手から登山道に入る

▲展望は開けないが、広々とした桟敷ヶ岳の山頂

山あいの古刹に「もののけ」を感じ
頂で不遇の皇子に思いを馳せる

概要 山名は、平安時代に雲ヶ畑に隠棲していた惟喬親王が山頂に桟敷を築いて都を遠望した伝説に由来する。登山口の志明院は、司馬遼太郎が滞在中に怪音を聞いたという話や、そこから宮崎駿が「もののけ姫」を着想したことが知られる。

コース 終点の❶雲ヶ畑岩屋橋バス停からすぐ左の橋を渡り、車道を歩くと❷岩屋不動こと志明院に突き当たる。境内には湧水があって水神を祀り、歌舞伎「鳴神」の舞台として知られる。また、4月下旬から5月上旬にかけて、京都市指定天然記念物のシャクナゲが咲き誇る。参拝者専用の駐車場手前から右へ登山道に入り、大きな岩のある分岐で右の谷へ進む。谷筋の道は雨の後にはぬかるんで歩きにくい。5月にはクリンソウやヤマシャクヤクが見られる。夏はヤマビルが多い。

六体地蔵尊が並ぶ❸薬師峠に到着。岩屋山の修行僧のものと伝わる墓石を見つつ右の道をとり、緩やかな傾斜を登る。小さな手書きの道標を見逃さないよう、左に分岐する急傾斜の道に入り、岩茸山に立ち寄る。北に延びる道から巻き道と合流し、稜線をたどる。突然、反射板が現れ、展望が開ける。周囲が明るい雑木林に変わり、鉄塔から

▲薬師峠の六体地蔵尊

いったん鞍部まで下って登り返せば❹桟敷ヶ岳山頂に着く。二等三角点が埋まる山頂は20〜30人が休

憩できる広さがあるが、展望は東方向に限られる。

北西へ抜ける細い尾根道を、道標やテープを見失わないよう注意して進む。ナベクロ峠の分岐を直進し、鉄塔に出てから右に折れる。送電線をたどるように城丹国境尾根を下っていくと❺祖父谷峠だ。

沢沿いの道をとるとほどなく未舗装の林道となる。やがて舗装道路になり、鴨川の源流の一つである祖父谷川を見下ろしながら歩けば❶雲ヶ畑岩屋橋バス停に戻る。

祖父谷峠❺
井戸集落
石仏峠
道迷い注意
砂防堤
・842 鉄塔
ナベクロ峠
直登分岐
狼峠
・737
狼峠への登り口

桟敷ヶ岳
桟敷ヶ岳❹
・896
756・
送電線鉄塔

桟敷ヶ岳登山口
（直登ルート分岐）
・831

・765
反射板
岩茸山巻き道との合流点

602・

岩茸山
811
霧谷竜王不動尊
・641

京都府
京都市
北区

大森リゾートキャンプ場

・671
分岐

薬師峠❸

・662
・711

岩屋山
648.9△

岩屋不動❷
・661

岩屋不動卍
（志明院）

・378
・357
このあたり駐車スペース2ヵ所あり

惟喬神社
洛雲荘

雲ヶ畑岩屋橋❶バス停

1:50,000
0 500 1000m
1cm=500m
等高線は20mごと

柊野別れ・京都市街

地元の大原里づくり協会が整備する道を歩く愉しみ

金毘羅山
（こんぴらさん）

戸寺 → 金毘羅山 → 翠黛山 → 焼杉山・百井分岐 → 寂光院 → 大原

標高**577m**
（翠黛山）
京都府
日帰り

総歩行時間	**3時間10分**	総歩行距離	**6.3km**	累積標高差	登り **571m** 下り **553m**	登山レベル	**初級向**	体力 ★★☆☆ 技術 ★★☆☆

▲大原の里から見た、ヤマザクラ咲く金毘羅山

公共交通機関
●行き：京都駅▶京都バス約1時間・510円▶戸寺
●帰り：大原▶京都バス約1時間・560円▶京都駅
※京阪出町柳駅からは約30分。

マイカー
●名神高速道路京都南ICから国道1号・367号経由で約25km。大原に駐車場あり。

ヒント
●観光拠点の「里の駅大原」からひとまわりするプラ

ンもいい。江文神社へは徒歩20分、寂光院から25分で、赤シソ畑が広がる沿線は素朴な大原の田舎が堪能できる。なお、コース上には江文神社前バス停もあるが、こちらは大原～貴船間のバス路線で、土曜・休日のみの運行となっている。

問合せ
大原観光保勝会 ☎ 075-744-2148
京都バス高野営業所 ☎ 075-791-2181

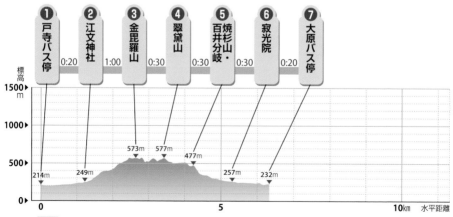

標高
m
1500▶
1000▶
500▶
0▶

①戸寺バス停 214m　0:20　②江文神社 249m　1:00　③金毘羅山 573m　④翠黛山 577m　0:30　⑤焼杉山・百井分岐 477m　0:30　⑥寂光院 257m　0:30　⑦大原バス停 232m　0:20

0　　　　5　　　　10km　水平距離

欄外情報　建礼門院ゆかりの寂光院の門前には温泉が湧き民宿に引湯されているので、ぜひ1泊し、里づくり協会が道の整備をする焼杉山、大尾山などへも足を延ばすなど、大原観光を楽しみたい。

ロックゲレンデの金毘羅山から
尾根伝いに寂光院ゆかりの翠黛山へ

概要 江文神社からロックゲレンデへの道を行き、江文峠からの道をあわせて金毘羅大権現へ。尾根へ出るとここがロックゲレンデ分岐で、左に登ると社跡の山頂だが、三角点山頂は隣の峰。これを往復して翠黛山を目指す。樹林の山頂を越え道標の立つ鞍部から寂光院へ。

コース ●戸寺バス停(とでら)から両岸が桜並木の高野川を渡り、のどかな大原の田舎道を金毘羅山の山裾まで進む。江文峠へと続く車道を横切り、東海自然歩道を見送ると、木立の中にある❷江文神社(えぶみじんじゃ)に着く。古くから節分に一夜を過ごす大原雑魚寝の風習で知られる。山の安全を祈願して山道に入る。ひと登りすると江文峠からの道をあわせ、琴平新宮社へ。

さらに急斜面に続く道をたどると尾根に出て、右ロックゲレンデ、左山頂への道が分かれる。岩がちな山頂への道を登ると途中に金毘羅大権現があり、京都市街や岩倉の瓢箪崩山が一望できる。三角点のある❸金毘羅山(こんぴらさん)山頂は次の峰であり、登り返すと静かな樹林の中に三角点がある。

▲「大原雑魚寝」の風習で知られる江文神社

縦走路は奥社から巻きぎみに鞍部へ下り、緩やかな峰を一つ越えると寂光院への道を分け、尾根道を進むと❹翠黛山(すいたいざん)山頂へ。こちらも樹林で展望はないが、広場となっていて休憩するにはいい。尾根を下ってゆくが、よく手入れされたスギ林の山道は快適だ。鞍部へ下りつくが❺焼杉山・百井分岐(やけすぎやま・ももい・ぶんき)は次の鞍部であり、道標が立っている。ここからの下りは掘れた道となり古道の風情。

谷へ下り立つと林道となり、しばらく進むと❻寂光院(じゃっこういん)門前へ。民宿、茶店、みやげ物店が並ぶ道を観光気分で進み、高野川を渡ると❼大原バス停(おおはら・てい)へ出る。

↑焼杉山・百井　　↑途中

❺焼杉山・百井分岐

分岐　　シカ柵ゲート

金毘羅山　　　京都府

大原宮学院　京都市　梶山(大尾山)681　左京区

翠黛山❹　577　❻寂光院　梶井宮墓地　勝林院　宝泉院

樹林の山頂　　大原の里　大原バス停❼

金毘羅大権現　　分岐

三角点あり　　　　　京都大原学院　三千院

金毘羅山❸　573　　　　　　　　　　　浄蓮華院　来迎院
琴平新宮社　　石段のジグザグ道　　　　　蓮成院　勝林院
　　　　　　　ロッククライミング　　　　　　　遍照院
　　　　　　　ゲレンデ

江文峠　　　❷江文神社　　里の駅大原　　　　東海自然歩道

　　　　　　江文神社前　　　　　　　惟喬親王墓

　　　　　　　　　　　東海自然歩道道標　　　　　　　滋賀県
N　　　　　車道を渡る　　　　　　　　　　　　　　大津市
　　　　　　　　　❶戸寺バス停
　　　　　　元井出橋　　　　　　　　　　　　　　仰木峠
1:40,000
　500　　1000m　大原記念病院　　　　　　　京都一周トレイル
1cm=400m　　　　　　江文神社御旅所
等高線は20mごと　　　↓八瀬・京都市街

16

関西［京都］

適期…通年

日本三百名山

回峰行者も通う琵琶湖展望の道から山頂の伽藍へ

比叡山
（ひえいざん）

比叡山坂本駅 → 一隅を照らす会館前の広場 → 大比叡 → 釈迦堂 → 玉体杉 → 横川

標高**848m**
（大比叡）

滋賀県・京都府
日帰り

| 総歩行時間 | **4時間** | 総歩行距離 | **10.1km** | 累積標高差 | 登り **1016m** 下り **487m** | 登山レベル | **初級向** | 体力 ★★☆☆ 技術 ★☆☆☆ |

▲宝が池から見る比叡山

公共交通機関

●行き：JR湖西線比叡山坂本駅 ●帰り：横川▶比叡山内シャトルバス約15分・700円▶延暦寺バスセンター▶比叡山ドライブバス約1時間10分・790円▶京都駅
※シャトルバスとドライブバスは冬期運休。

マイカー

●名神高速道路京都東ICから西大津バイパス経由で約11km。ケーブル坂本駅周辺にある3ヵ所の無料駐車場を利用。帰りは坂本ケーブルで下山。

ヒント

●横川への往復にシャトルバスを利用する場合は、拝観割引券などが付く山内一日フリー乗車券（1000円）を延暦寺バスセンターなどで購入するとよい。

問合せ

大津市観光振興課 ☎077-528-2756
江若バス（シャトルバス）☎077-573-2701
京阪バス（ドライブバス）☎077-531-2121

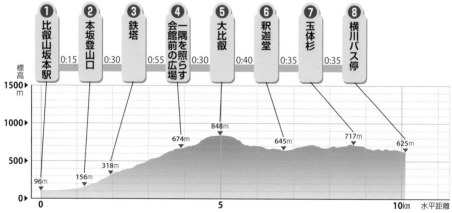

① 比叡山坂本駅 — 0:15 — ② 本坂登山口 — 0:30 — ③ 鉄塔 — 0:55 — ④ 一隅を照らす会館前の広場 — 0:30 — ⑤ 大比叡 — 0:40 — ⑥ 釈迦堂 — 0:35 — ⑦ 玉体杉 — 0:35 — ⑧ 横川バス停

標高 m
1500▶
1000▶
500▶
0▶

96m　156m　318m　674m　848m　645m　717m　625m

0　　　　　5　　　　　10km　水平距離

44

欄外情報 延暦寺（☎077-578-0001）の諸堂巡拝料金は、東塔・西塔・横川共通券が1000円。国宝殿（宝物館）の拝観とのセットが1500円。西塔・横川地区は12月の閉堂時間が15時30分（受付は30分前）となる。

人影薄い比叡山の表参道から
大伽藍の並ぶ山頂の聖地をゆく

概要 延暦寺の門前町坂本は、里坊と呼ばれる天台の寺院が並ぶ趣ある町並みである。ケーブルが開通するまでは多くの参詣者や登山客で賑わった比叡山の表参道・本坂を登り、まずは根本中堂の立つ東塔へ。続いて大比叡の山頂に立ち、西塔から修禅峯道を経て横川を訪ねる。

コース JR❶**比叡山坂本駅**から京阪・坂本比叡山口駅の前を通って、どこか懐かしい佇まいの道を日吉大社へ向かう。日吉大社の左側、石段の道と六角地蔵のあるところが❷**本坂登山口**だ。石段の先で大宮谷への林道を横断、南善坊への石段道を過ぎると谷を左にする山道になり、やがて琵琶湖を眺める❸**鉄塔**の脇を通って、花摘堂跡から亀塔を過ぎれば❹**一隅を照らす会館前の広場**に着く。このあたりは比叡山延暦寺の中心である東塔エリアで、国宝・根本中堂をはじめ、いくつもの堂塔が甍を並べている。

法華総持院の脇から山道に入り、尾根に出たところの分岐を右折、NTT中継所給水設備の後方から杉木立の高みに上がれば一等三角点標石が残る❺**大比叡**に立つ。杉木立に囲まれ展望皆無の山

▲回峰行者が加持祈祷する場である玉体杉

頂を辞したら、東へTV中継基地を抜け、笹茂りの道を下る。阿弥陀堂を右に見送れば東海自然歩道標識がある十字路に出る。これを左折して陸橋を渡れば、やがて西塔エリアの中心堂宇である❻**釈迦堂**に至る。

釈迦堂からはドライブウェイ下のトンネルを抜け、ドライブウェイと並行して続く尾根道を❼**玉体杉**までゆく。好展望の道を鞍部まで下ると、道は左右に分岐する。右の道を選べば、朱色が鮮やかな横川中堂の立つ横川エリアに下り着く。帰路は❽**横川バス停**から比叡山内シャトルバスで延暦寺バスセンターまたは東塔（坂本ケーブル口）まで戻り、比叡山ドライブバスや坂本ケーブルで山麓へ下る。

▲紅葉に彩られた横川中堂。横川諸堂をめぐるなら1時間は見ておきたい

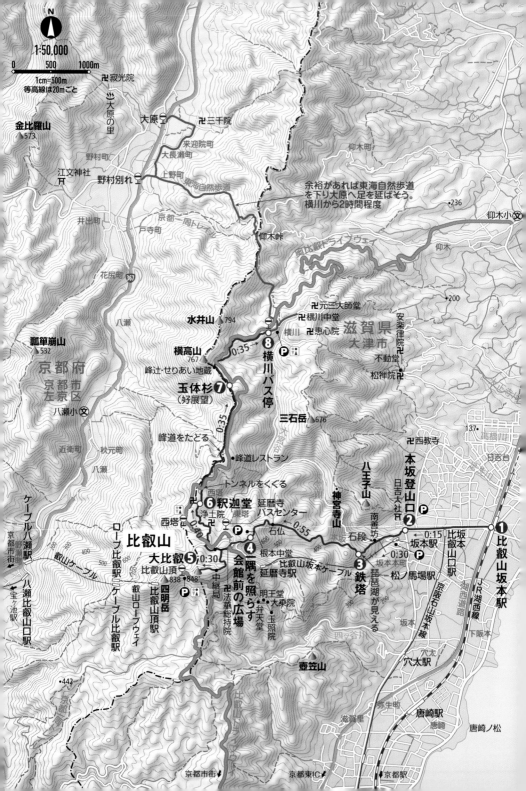

N

1:50,000

0　500　1000m
1cm=500m
等高線は20mごと

金比羅山
573

卍寂光院

卍大原の里

大原

卍三千院

来迎院町

大長瀬町

野村別れ

江文神社

野村町

上野町

東海自然歩道

京都一周トレイル

井出町

戸寺町

仰木峠

仰木町

仰木小文

236

余裕があれば東海自然歩道
を下り大原へ足を延ばそう。
横川から2時間程度

花尻町 367

八瀬

比叡山ドライウェイ

仰木

200

仰木小文

瓢箪崩山
532

京都府

京都市
左京区

八瀬小文

近衛町

秋元町

八瀬

水井山
794

横川中堂

卍元三大師堂

卍恵心院

横川

8 横川バス停

P

滋賀県
大津市

安楽律院卍
卍

不動堂卍

松禅院卍

横高山
767

峰辻・せりあい地蔵

玉体杉 **7**
(好展望)

0:35

三石岳
676

峰道をたどる

0:35

●峰道レストラン

卍西教寺

八王子山

137

日吉台

トンネルをくぐる

西塔

釈迦堂 **6**

浄土院

延暦寺
バスセンター

神宮寺山

ケーブル八瀬駅

比叡山

大比叡 **5**

0:30

比叡山頂駅

838
848

四明岳

叡山ロープウェイ

叡山ロープ比叡駅

叡山ケーブル

ケーブル比叡駅

P

八瀬比叡山口駅

八瀬比叡山口駅

宝ヶ池駅

東塔

中継局

中堂

卍法華総持院

一隅を照らす
会館前の広場

4

根本中堂

比叡山坂本ケーブル

延暦寺駅

石仏

0:55

石段

石仏

南善坊

日吉大社卍

本坂登山口

P

2

0:15

坂本駅

京阪石山坂本線

0:30

P

坂本本町

松ノ馬場駅

3 鉄塔

琵琶湖
が見える

明王堂
大乗院

弁天堂
玉照院

壺笠山

442

京都市街

京都東IC

中堂

四ヶ谷川

琵琶湖

比叡山坂本駅
1

JR湖西線

比叡山坂本駅

坂本駅

穴太駅

弥生町

滋賀里

唐崎駅

唐崎ノ松

京都駅

年に一度の千日詣りに登れば千日分のご利益が

愛宕山
（あたごやま）

清滝→水尾別れ休憩所→愛宕山→月輪寺→月輪寺登山口→清滝

標高924m
京都府
日帰り

総歩行 時間	**4**時間**5**分	総歩行 距離	**9.5**km	累積 標高差	登り **961**m 下り **961**m	登山 レベル	初級向	体力 ★★☆☆ 技術 ★☆☆☆

▲ツツジ尾根から見た愛宕山

公共交通機関
●往復：阪急嵐山駅▶京都バス約15分・230円▶清滝
マイカー
●名神高速道路京都南ICから国道1号・162号など経由で約18km。桂川西岸に抜けて嵐山経由でもよい。清滝に有料駐車場（約50台）あり。
ヒント
●阪急嵐山線嵐山駅からのバスは30分～1時間ごとの運行。JR京都駅や四条河原町などからの京都バスも運行しているが便数が極端に少ないうえ、復路は午後の便がない。

問合せ
愛宕神社 ☎075-861-0658
京都バス嵐山営業所 ☎075-861-2105

適期…通年

▲日本三百名山

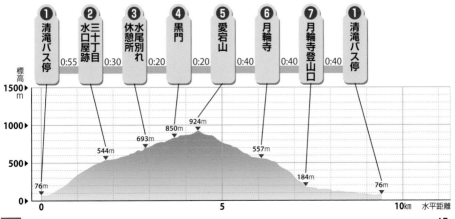

| ❶
清滝
バス停 | 0:55 | ❷
三十
丁目
水口屋跡 | 0:30 | ❸
水尾別れ
休憩所 | 0:20 | ❹
黒門 | 0:20 | ❺
愛宕山 | 0:40 | ❻
月輪寺 | 0:40 | ❼
月輪寺
登山口 | 0:40 | ❶
清滝
バス停 |

標高
m
1500
1000
500
0

76m　544m　693m　850m　924m　557m　184m　76m

0　　　　5　　　　10km　水平距離

▲最後の石段を上がって山頂の愛宕神社へ

民謡に「愛宕さんへは月詣り」と謡われ火伏の神として庶民に親しまれる

概要 嵯峨野の北に大きく裾を広げる愛宕山は山頂に火伏の神、愛宕神社を祀る。愛宕神社は日本全国にあるが、ここ京都が総本宮で、毎年7月31日の深夜から翌8月1日に行われる千日詣りには多くの参拝者が訪れる。

コース ❶**清滝バス停**から茶店の横にある舗装の坂道を下って渡猿橋を渡り、古い家並みを通って、鳥居をくぐる。ここが表参道登山口だ。いきなり階段状の急登が始まるが、途中には「お助け水」や休憩所があり、庶民の山・信仰の山の温かみが感じられる。丁石を拾い登って25丁、三合目の広場「奈か屋」の茶屋跡に着く。道が自然林に囲まれ、少し道の傾斜が緩む549m独標あたりが❷**三十丁目 水口屋跡**だ。

大杉大神の朽ちた杉古木を過ぎ、右手に視界が開け、東山三十六峰や京都市街が望める。七合目の休憩所を過ぎ、先へ進むと今度は保津川の流れと亀岡市街を俯瞰できる。さすがは昔から人々に親しまれてきた参詣道である。低山ながら変化に富み、退屈させない。

❸**水尾別れ休憩所**を過ぎると雰囲気が変わり、両側にそびえる杉が神域に入ったことを知らせてくれる。シキミ小屋跡の先で石段道になり、❹**黒門**（総門）をくぐって石畳の参道へと続く。目の前に見上げるような石段が現れ、登りきると愛宕神社に着く。❺**愛宕山**の最高点は神社本殿である。

参拝を済ませたら下山しよう。石段下まで戻り、左へ林道を100mほど行くと月輪寺分岐。月輪寺への道は、春は新緑、秋は紅葉のなかをゆく心地よい道だ。大きなシャクナゲが由緒ありげな❻**月輪寺**の境内を通りぬけ、山腹を下ってゆけば次第に尾根が狭まり、転石、露岩の混じる道となるが、やがて、しっかりした道になって❼**月輪寺登山口**の林道に下り立つ。林道を右へ行けば❶**清滝バス停**である。

▲ミツバツツジ咲く登山道を行く

▲嵐山・渡月橋と愛宕山(右)

適期… 夏期を除く通年　大展望

「とかいなか」の2峰と古刹をめぐる

ポンポン山

原立石→神峯山寺→本山寺→ポンポン山→釈迦岳→善峯寺

標高 **679m**
大阪府・京都府
日帰り

総歩行時間	**4時間5分**	総歩行距離	**11.1km**	累積標高差	登り **846m** 下り **706m**	登山レベル	**初級向**	体力…★★☆☆ 技術…★★☆☆

▲冬のポンポン山。好展望は皮肉にも違法伐採によるもの

公共交通機関

●行き：JR京都線高槻駅（北乗り場）▶高槻市営バス原大橋行き約15分・220円▶原立石　帰り：善峯寺▶阪急バス阪急東向日行き約30分・390円▶阪急東向日駅　※行きは手前の上の口行きのバスのほうが便数が多い。帰りのバスは1月6日〜2月末の間、小塩発着となる。善峯寺から小塩まで徒歩約30分。

マイカー

●マイカー登山には適さない。

ヒント

●車利用の場合は山頂までの往復コースとなるが、観光シーズンなどは避けよう。本山寺駐車場までの林道は非常に狭く、運転には細心の注意が必要。

問合せ

高槻市観光シティセールス課☎072-674-7830
高槻市営バス緑が丘営業所☎072-687-1500
阪急バス向日出張所☎075-921-0160

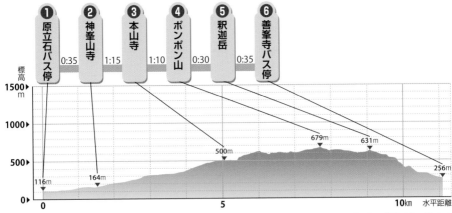

❶原立石バス停　0:35　❷神峯山寺　1:15　❸本山寺　1:10　❹ポンポン山　0:30　❺釈迦岳　0:35　❻善峯寺バス停

標高 m
1500
1000
500
0

116m　164m　500m　679m　631m　256m

0　5　10km　水平距離

欄外情報　高槻市の原地区と堅田地区は「高槻・とかいなか創生特区」（通称：どぶろく特区）に指定され、独自の濁り酒（どぶろく）が造られている。問い合わせは高槻市みらい創生室（☎072-674-7392）まで。

▲ポンポン山、釈迦岳から下りゴールが近づくと西国三十三所の善峯寺が見える

高槻市と島本町の最高峰を踏む
東海自然歩道沿いの古刹の四季も魅力

概要 古くは加茂勢山と呼ばれたが、山頂で四股を踏むとポンポンと音がするといわれ、このユニークな名で呼ばれるようになった。舗装道歩きが長いので、夏場は辛い。神峯山寺、本山寺の紅葉が美しい秋と、善峯寺の桜が見事な春が適期。雪の時期にもハイカーが多い。

コース 桶型の待合所が珍しい**①原立石バス停**で下車し、細い舗装林道に入る。牛地蔵の鳥居をくぐり竹林沿いに行けば**②神峯山寺**に着く。ここは毘沙門天最初の出現地とされ、本山寺と同じく、役行者が開き開成皇子が中興したと伝わる。新西

▲本山寺からポンポン山への登りにある夫婦杉（天狗杉）

国霊場、神仏霊場巡拝の道、役行者霊蹟札所の3つの巡礼札所に選定されている。秋には300本ものカエデが色づく。

川久保への分岐を見送り、結界（勧請掛）を過ぎ、苔むした参道を進むと**③本山寺**に着く。ここは京都の鞍馬寺、奈良の朝護孫子寺とともに「日本三毘沙門天」とされている。本堂の右奥から山道に入る。登山道わきの巨大な夫婦杉（天狗杉ともいう）は一見の価値あり。

歩きやすい尾根道が続く。木段を登り切り、道標に従って左に折れると、二等三角点のある**④ポンポン山**山頂だ。広い山頂からは京都北山や大阪平野が見渡せ、いつも多くのハイカーで賑わう。

もとの道に戻り、尾根を東にとる。鉄塔を過ぎてすぐの分岐を右に進み島本町最高峰**⑤釈迦岳**の三等三角点峰に立つ。次の分岐は左にとる。ところどころ伐採され展望が開ける尾根を下るとやがて急斜面を横切る道となり、眼下に西国三十三所の善峯寺が見えてくる。小川を渡り、車道に出る。坂を下れば**⑥善峯寺バス停**はすぐ。余裕があれば、善峯寺はぜひ拝観しておきたい（要拝観料）。花や紅葉に彩られた広大な庭園は見ごたえ十分。

51

N
1:50,000
0 500 1000m
1cm=500m
等高線は20mごと

小塩山
642

大原野IC

勝持寺卍
(花の寺)

大原野神社
南春日町

大原野

大原野小前

大原野小
上羽町

大歳神社卍

日正寺卍

余裕があれば金蔵寺や大原
野の社寺に足を延ばしても
よい。南春日町からは阪急バ
スで阪急東向日駅へ

金蔵寺卍

石作町

京都府
京都市
西京区

東海自然歩道

季節の花や
紅葉が美しい

三鈷寺卍
善峯寺卍

小塩町
十輪寺卍
小塩

ゴルフ
練習場

森林観光センター

ポンポン山

ポンポン山④
679

0:30

釈迦岳⑤
631

0:35

⑥善峯寺バス停
※冬期は小塩止まり

楊谷寺

長岡京市

木の階段

黄龍寺卍

歩きやすい
尾根道

大阪府
高槻市

夫婦杉

イチョウ
カエデの紅葉

1:10

浄土谷

本山寺③卍

寺を巻く道もある

勧請掛

▲釈迦岳の三等三角点

行者衣掛之松(祠)

本山寺駐車場
(参拝者専用) P

鳥居

冬は凍結に注意
(舗装林道)

1:15

いこいの広場

紅葉の
名所

神峯山寺②卍

P

神峰山の森自然園

川久保

島本町

新大阪GC

若山台

▲本山寺の勧請掛

松方亀岡線

神峰山口
鳥居

0:35

勧請掛

自然研究林

東大寺

島本
町役場

①原立石バス停

上の口

ここまでは
バスの本数が多い

清水台

上の口町

安岡寺町

高見台

高槻駅

日吉台

松が丘

安岡寺町

谷町

高槻IC

茨木IC

▲桶の形の原立石バス待合所

桜井台

島本高

神内

桜井

水無瀬
駅

島本
駅

171

近代登山発祥の地、芦屋ロックガーデンからの六甲山縦断

六甲山
（ろっこうさん）

標高**931m**
（六甲最高峰）

兵庫県
日帰り

芦屋川駅→風吹岩→本庄橋跡→六甲最高峰→有馬温泉

総歩行時間	**4時間40分**	総歩行距離	**12.1km**	累積標高差	登り **1179m** 下り **840m**	登山レベル	**中級向**	体力 ★★☆☆ 技術 ★★★☆

▲風吹岩への登り途中から市街地を振り返る

公共交通機関
●行き：阪急神戸線芦屋川駅 ●帰り：有馬温泉▶阪急バス約1時間・580円▶阪急宝塚線宝塚駅

マイカー
●名神高速道路西宮ICから国道43号など経由で約5km。駐車場は阪急芦屋川駅周辺の有料駐車場を利用。帰路は、有馬温泉から阪急バスで阪急芦屋川駅へ。

ヒント
●最高峰までの登りがきついので、ビギナーは早朝出発が望ましい。

問合せ
芦屋市地域経済振興課 ☎0797-38-2033
神戸市観光企画課 ☎078-331-8181
阪急バス有馬案内所 ☎078-904-0226
有馬温泉観光総合案内所 ☎078-904-0708
有馬温泉金の湯 ☎078-904-0680
有馬温泉銀の湯 ☎078-904-0256

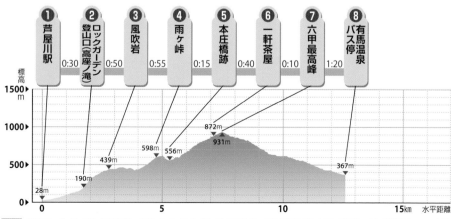

❶芦屋川駅 0:30 ❷ロックガーデン登山口（高座ノ滝） 0:50 ❸風吹岩 0:55 ❹雨ヶ峠 0:15 ❺本庄橋跡 0:40 ❻一軒茶屋 0:10 ❼六甲最高峰 1:20 ❽有馬温泉バス停

標高 1500m 1000m 500m 0m
28m 190m 439m 598m 556m 872m 931m 367m
0 5 10 15km 水平距離

欄外情報 芦屋ロックガーデン周辺では、野生のイノシシがいるので注意。暑い時期は熱中症に注意して水分補給を小マメに。

▲東お多福山から望む六甲最高峰（左から2つ目のピーク）

芦屋ロックガーデン風吹岩に登り
六甲最高峰を経て名湯有馬温泉に下る

概要 六甲登山のハイライトコース、芦屋ロックガーデン中央稜は、神戸・阪神間の市街地を眼下に大阪湾を一望する明るい登山道。標高差があり十分「登山」が楽しめる。六甲最高峰から下る有馬温泉への道は、樹林のなかのしっとりとした山歩きが魅力的だ。

コース ❶芦屋川駅の山側、花時計の公園奥から階段を登り住宅地を抜けると信号機がある。橋を渡らず、芦屋川の右岸（進行方向右側）のサクラ並木に沿って「ロックガーデン」「高座ノ滝」の看板に従い住宅地の坂道を登る。

住宅地を抜け、小川のせせらぎを聞きながら樹林の道をたどると❷ロックガーデン登山口（高座ノ滝）に着く。旅房大悲閣、滝ノ茶屋、六甲山カフェ（週末営業）がある。六甲最高峰までトイレがないのでここで済ませておこう。滝の左手から登り、いったん平地に出て右側の岩を登る。振り返ると市街地と海が見えてくる。堰堤の方に入らず芦屋ロックガーデン中央稜の風化した花崗岩の踏み跡をたどる。春にはツツジが満開だ。

❸風吹岩は記念写真の定番。岡本の保久良神社からの道、深江からの魚屋道が南から登ってくる。コースは右へ、横ノ池にも立ち寄って途中ゴルフ場（登山道の水場は廃止）を横切り、❹雨ヶ峠を越えて住吉川上流に下ると❺本庄橋跡だ。堰堤を高巻く急な階段を登って林道を下ると七曲り登り口。流れを渡って急登すると、江戸時代から続く❻一軒茶屋に登り着く。トイレは向かいの駐車場を利用する。

一軒茶屋からひと登りで一等三角点の❼六甲最高峰へ登り着く。下山は、駐車場端から石畳の魚屋道を下る。有馬温泉には、公営の金の湯、銀の湯のほか日帰り湯も多い。近年、カフェや立ち飲みが登山者に大人気。❽有馬温泉バス停から帰途につく。

▲標柱が新しくなった六甲最高峰山頂

宝塚駅

⑧有馬温泉バス停

有馬温泉
金の湯
温泉寺
極楽寺
愛宕山
P
有馬温泉駅

射場山
690
休憩所

西宮市

六甲山

小天狗山
557

横ノ池

六甲トンネル

神戸市
北区

幅の広い
歩きよい道

駐車場の
トイレを利用

吉高神社
⑦六甲最高峰
931
⑥一軒茶屋

六甲越
石の宝殿
宝殿橋

芦有ドライブウェイ

林山
745

六甲山最高峰は
大阪湾を見晴らす眺望

0:10

0:40

急坂の
登り続く
土樋割峠

七曲り登り口から
東お多福山登山口バス停
下り30分、登り40分

奥池

奥山貯水池

六甲山頂駅

西お多福山
878

流れを渡った
ところから
七曲りの急登

七曲り登り口

東お多福山
697

芦屋川駅前から阪急バス14分

東お多福山登山口

ごろごろ岳
565

六甲山上駅

本庄橋跡⑤

0:15

雨ヶ峠④

兵庫県
芦屋市

芦屋カンツリー
倶楽部

荒地山
549

フェンス扉を開けて
ゴルフ場を横切る

0:55

山陽新幹線

新大阪

神戸市
灘区

コバノミツバ
ツツジ

7月下旬 ハスの花が満開
ロックガーデンを眼下に
大阪湾が一望

芦屋
ロックガーデン
中央稜

藤木九三レリーフ
ロックガーデン
登山口(高座ノ滝)②

六甲山カフェ

風吹岩③

0:50

七兵衛山
462

旅房大悲閣

滝ノ茶屋

鷹尾山
272

城山への
分岐

打越山

荒神山
314

風吹岩から保久良神社
下り1時間、登り1時間15分
保久良神社から阪急岡本駅
下り・登り20分

金鳥山
338

風吹岩から
阪神深江駅
下り1時間35分
登り2時間5分

0:30

芦屋川駅①

芦屋
ナンモール
商店街

N

1:36,400
0 250 500m
1cm=364m
等高線は10mごと

保久良神社

甲南女子大

阪急岡本駅

阪神深江駅

三宮

都市近郊にありながら深い森、深い谷が残る「神戸っ子」の山

摩耶山
（まやさん）

標高702m
（摩耶山掬星台）
兵庫県
日帰り

王子公園駅→青谷道登山口→行者堂跡→摩耶山→青谷橋→王子公園駅

総歩行時間	**3時間30分**	総歩行距離	**8.1km**	累積標高差	登り 722m 下り 722m	登山レベル	**初級向**	体力 ★☆☆☆ 技術 ★★☆☆

▲摩耶山 掬星台から大阪・神戸の夜景を見下ろす

公共交通機関

●往復：阪急神戸線王子公園駅

マイカー

●阪神高速3号神戸線摩耶出入口から国道2号経由で約2km。王子公園の有料駐車場を利用。

ヒント

●登り下りとも急なので、登りはとくにゆっくりと歩くように心がけよう。登りはトイレが山上にしかないので注意。

問 合 せ

神戸市観光企画課☎078-331-8181
まやビューライン（ロープウェー・ケーブル）
☎078-861-2998
神戸市バス☎078-321-0484

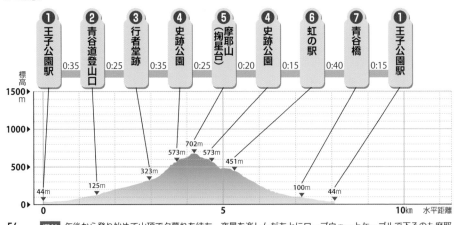

❶ 王子公園駅	0:35	❷ 青谷道登山口	0:25	❸ 行者堂跡	0:35	❹ 史跡公園	0:25	❺ 摩耶山（掬星台）	0:20	❹ 史跡公園	0:15	❻ 虹の駅	0:40	❼ 青谷橋	0:15	❶ 王子公園駅

標高
1500m
1000m
702m
573m　573m
500m
323m　　　　451m
125m　　　　　　　　　　　　　100m
44m　　　　　　　　　　　　　　　　44m
0m
0　　　　　　　　5　　　　　　　10km　水平距離

欄外情報　午後から登り始めて山頂で夕暮れを待ち、夜景を楽しんだあとにロープウェーとケーブルで下るのも摩耶山の楽しみ方の一つ。ただし火曜は定休日なので注意したい。

修験の雰囲気が残る青谷道を登り
旧天上寺跡の史跡をたどって掬星台へ

概要 仏母「摩耶夫人」を祀る山岳寺院天上寺とともに発展した摩耶山。豊かな自然が残る深い樹林に包まれた尾根や谷に、古くからの参道が何本も刻まれている。神戸っ子が自慢する好展望の山で、夜景を楽しむナイトハイクも人気がある。

コース ❶王子公園駅西出口から王子公園の西側を通って青谷を目指す。海星、松蔭と女学校の並ぶ坂道を登ると、馬頭観音で知られる妙光院がある。その先のお堂があるところが❷青谷道登山口だ。王子公園駅からここまでタクシーを利用してもよい。

コンクリート坂を登り青谷道に入るとすぐ、市街地の向こうに港が見える。坂を登ると茶畑が広がる六甲観光茶園で、その先、あけぼの茶屋と大正時代から続く突破嶺登山会集会所がある。山からの湧き水を利用した水場を過ぎると新神戸の雷声寺から登ってくる旧摩耶道と出合って❸行者堂跡に着く。行者茶店があったところだ。

参道をたどり、行場を過ぎて開けたお堂（お不動さん）のあるところから右へ山道に入る。うっそうとした林のなかを登ると上野道と出合って、すぐに旧天上寺の山門に着く。昭和51年（1976）に焼失した広大な山岳寺院のスケールは、ここからの長い石段で感じられる。登り切る

▲虹の駅から望む摩耶山

と❹史跡公園。30分も登ると、❺摩耶山（掬星台）に着く。眼下に神戸港、大阪湾をはさんで金剛、和泉山系の山並みが目に入る。

下山は❹史跡公園に戻り、山門下から上野道でケーブル❻虹の駅を経て、五鬼城展望公園を抜け住宅地の外れに出る。摩耶ケーブル下からは、三宮、六甲駅への神戸市バスの便もある。

神戸高校を過ぎて住宅街を歩き、❼青谷橋から王子公園の北側をたどると❶王子公園駅東出口に戻ってくる。

▲青谷道の石の道を登る

上級
中級
初級
入門

適期…10月下〜5月上　花・大展望・立ち寄り湯

雄岳・雌岳が描く優美な双耳峰は万葉集にも詠われた名勝

二上山
（にじょうざん）

上ノ太子駅→スポーツ公園先登山口→雌岳→雄岳→二上山駅

標高 517m
（雄岳）

大阪府・奈良県
日帰り

| 総歩行時間 | 4時間5分 | 総歩行距離 | 9.6km | 累積標高差 | 登り 635m 下り 581m | 登山レベル | 初級向 | 体力 ★★☆☆ 技術 ★★☆☆ |

▲鉄塔34から見る二上山の雄岳（左）と雌岳

公共交通機関
●行き：近鉄南大阪線上ノ太子駅　●帰り：近鉄南大阪線二上山駅

マイカー
●このコースはマイカー登山には適さない。車の場合は万葉の森、道の駅ふたかみパーク當麻などの駐車場を利用し往復する。西名阪自動車道柏原IC、南阪奈道路羽曳野東ICなどが最寄りインターとなる。

ヒント
●専称寺の枝垂れ桜は3月末から4月初めに満開になる。花はなくても見ごたえがある。

問合せ
太子町観光産業課 ☎0721-98-5521
葛城市商工観光プロモーション課 ☎0745-44-5111

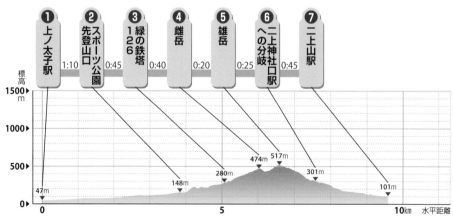

❶上ノ太子駅 1:10 ❷スポーツ公園先登山口 0:45 ❸緑の鉄塔126 0:40 ❹雌岳 0:20 ❺雄岳 0:25 ❻二上神社口駅への分岐 0:45 ❼二上山駅

47m　148m　280m　474m　517m　301m　101m

欄外情報　雄岳の手前で、岩肌むき出しの所から道の駅ふたかみパーク當麻への道がある。展望台の下の456段の石段道を下って道の駅に出る。最寄り駅は二上神社口。

竹内街道、ダイヤモンドトレールを経て 山頂の大津皇子の墓で万葉哀話を偲ぶ

▲雄岳山頂には非業の最期をとげた大津皇子の墓がある

概要 大津皇子は従兄にあたる草壁皇子との皇位継承問題から謀反の罪で処刑された。姉の大来皇女は弟の死を悲しみ「うつそみの人なるわれや明日よりは二上山を弟世とわが見む」と詠んでいる。悲劇の主人公大津皇子の墓が雄岳頂上にある。

コース ❶上ノ太子駅の北側に出て右に進み、踏切を渡って春日西交差点まで来ると、その先は路面が薄いベージュ色で統一された竹内街道を歩く。新六枚橋を左に見て六枚橋を渡り、国道166号を横切る。続いて地域の案内板と太子温泉の看板の前で竹内街道と別れて左折する。二上山がドーンと姿を見せると前方の建物は太子温泉だ。太子町立総合スポーツ公園の前を通り過ぎ、❷スポーツ公園先登山口の白いフェンスの端から左の山道へ入る。左手に池があるのが目印だ。

ダイヤモンドトレールに出て右に進むが、左の鉄塔34にも寄ってみよう。ここでも二上山の優美な姿が見られる。❸緑の鉄塔126に着く。ス

▲雄岳山頂の日時計

ポーツ公園が見え、PL塔も正面に見える。雌岳の遊歩道に出ると右手に円形の展望台があり

左へ。このあたりは桜もよいが、6月下旬にはササユリも楽しめる。❹雌岳頂上には日時計があり休憩に適した明るい空間だ。

雄岳との鞍部、馬の背から雄岳へ。木の階段が続いて❺雄岳頂上に着くと二上神社がある。山の美化のために200円を徴収している。大津皇子の墓はその先にある。

下山は二上山駅を目指すが、ところどころでベンチが設置されている。❻二上神社口駅への分岐で左、春日神社の方へ下る。「二上山駅左」の道標で直進すると40m先に三角点があるので立ち寄ろう。谷に出たあとは谷沿いに下る。コナラの並木の下で、シンと静まり返った新池が美しい。国道165号を陸橋で渡ると左手が春日神社、続いて専称寺があり、❼二上山駅に至る。

適期…通年

日本三百名山・花・大展望

春は「一目百万本」のツツジが咲く金剛山地の名山

大和葛城山

やまとかつらぎさん

標高**959m**

奈良県・大阪府

日帰り

葛城ロープウェイ前→2つの大石→大和葛城山→櫛羅の滝→葛城ロープウェイ前

総歩行時間	総歩行距離	累積標高差	登山レベル	
4時間	**6.7km**	登り **771m** 下り **771m**	**初級向**	体力 ★★☆☆ 技術 ★★☆☆

▲満開のツツジの背後には金剛山がそびえる

公共交通機関

●往復：近鉄御所線御所駅▶奈良交通バス約15分・300円▶葛城ロープウェイ前

マイカー

●南阪奈道路葛城ICから県道30号・213号経由で約7km。葛城ロープウェイ前バス停の手前に有料駐車場あり。

ヒント

●5月中頃にはツツジが満開になり、駐車場もロープウェイも大混雑するのでバス利用が無難。

問合せ

御所市地域活性推進室 ☎ 0745-62-3001
奈良交通サービスセンター ☎ 0742-20-3100
サンキュータクシー ☎ 0745-62-3939

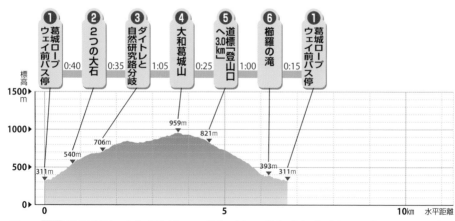

| ❶ 葛城ロープウェイ前バス停 | 0:40 | ❷ 2つの大石 | 0:35 | ❸ ダイトレと自然研究路分岐 | 1:05 | ❹ 大和葛城山 | 0:25 | ❺ 道標「登山口へ3.0km」 | 1:00 | ❻ 櫛羅の滝 | 0:15 | ❶ 葛城ロープウェイ前バス停 |

標高 m
1500m
1000m
500m
0m

959m
821m
706m
540m
393m
311m
311m

0　　　　　　5　　　　　　10km　水平距離

欄外情報 葛城登山口までのバス便は少ないので注意。タクシー利用の場合は御所駅から15分、約1500円。帰りもサンキュータクシーを呼べば御所駅まで同金額。

▲秋津洲展望コースからは大峰の山々を望める

北尾根コース（別名・秋津洲展望コース）を登り櫛羅の滝コースを下る

概要 神武天皇は御所市柏原・本馬の本馬山に登り国見の歌を詠まれ、その中で「蜻蛉（トンボ）の臀呫せる如くあるか」と言挙げされた。「これによりて始めて秋津洲の号あり」と日本書紀に出ている。本馬山の西側に広がる秋津洲を秋津洲展望コースから国見してみよう。

コース ❶葛城ロープウェイ前バス停からロープウェイ葛城登山口駅の前の道を進み、道標に従って北尾根コース（別名・秋津洲展望コース）に取り付く。その名のとおり、ところどころで秋津洲の展望を楽しむことができる。❷2つの大石が並んでいる所からは、ロープウェイ山上駅や電波塔が見え、眺めは雄大。休憩に最適だ。
❸ダイトレと自然研究路分岐からは左の自然研究路へ進むのが一般的だが、台風の被害により令和4年12月現在通行止めのため、直進してダイ

ヤモンドトレールへ向かう。ダイヤモンドトレールを南進するとまもなく分岐があり、左の道に入ると先の自然研究路に合流する。ブナやカタクリの咲く道を行くと鞍部に出るので右へ。遊歩道を緩やかに上がり、左に白樺食堂を見て右へ登ると好展望の❹大和葛城山山頂にたどり着く。
　白樺食堂の前から国民宿舎葛城高原ロッジの下を通り過ぎて約70m、林に住む鳥についての解説板が立つ所で左へ下る。この道も自然林の中にあり、雪、新緑、紅葉の季節に感動がある。❺道標「登山口へ3.0km」がある橋を渡り、右の櫛羅の滝コースを下る。櫛羅の滝コースは途中道がえぐれて歩きづらい箇所がある。やがて二の滝（行者の滝）への分岐に出るが、滝への道は令和4年12月現在通行止め。
　分岐からは、木製の急な階段道を下っていく。ロープウェイ下を通過し、分岐を左にとると❻櫛羅の滝（不動の滝）だ。ここからは北尾根コースの取り付き点を通って❶葛城ロープウェイ前バス停に帰着する。

▲役行者ゆかりの櫛羅の滝

人気は関西トップクラス。役行者ゆかりの霊山

金剛山
（こんごうさん）

金剛山登山口 → 国見城跡 → 湧出岳 → 伏見峠 → 金剛山ロープウェイ前

総歩行時間	3時間35分	総歩行距離	7.5km	累積標高差	登り 722m 下り 593m	登山レベル	初級向	体力 ★★☆☆ 技術 ★★☆☆

▲どっしりとした山容の金剛山

公共交通機関

●行き：南海高野線河内長野駅▶南海バス約30分・480円▶金剛登山口 ●帰り：金剛山ロープウェイ前▶南海バス約40分・530円▶河内長野駅

マイカー

●南阪奈道路羽曳野ICから国道170号・309号、府道705号を経由して金剛登山口まで約19km。登山口周辺に民間の有料駐車場が複数あり。

ヒント

●入下山口へは富田林駅から金剛自動車のバスも運行（下山口のバス停名は千早ロープウェイ前となる）。

問合せ

千早赤阪村農林商工課 ☎0721-26-7128
南海バス河内長野営業所 ☎0721-53-9043
金剛自動車富田林営業所 ☎0721-23-2287

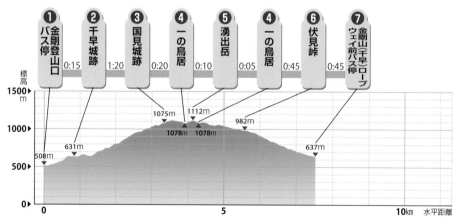

欄外情報 南海電鉄では、南海電鉄と南海バスの往復割引乗車券に河内長野駅周辺の飲食施設で割引が受けられる「金剛山ハイキングきっぷ」を販売している。問い合わせは南海テレホンセンター（☎06-6643-1005）まで。

回数登山で人気の金剛山王道コース
大阪府最高点から大阪平野を見下ろす

概 要 金剛山地の盟主で、役行者(えんのぎょうじゃ)ゆかりの葛城修験道の山。春の山野草、ブナの新緑、黄葉、冬の樹氷と、一年を通じて魅力たっぷりだ。回数登山や毎日登山をする愛好家も少なくない。人気の山だけあって登山道も多く、約50コースあるといわれている。

コース ❶金剛登山口(こんごうとざんぐち)バス停(てい)からバス道を少し戻って橋の手前を右折し、林道の途中から右へと千早本道(ちはやほんどう)に入る。少し先で❷千早城跡(ちはやじょうあと)への分岐があるので、右の階段を登って立ち寄っていこう。城跡からは千早神社を経ていったん下り、千早本道に合流する。

緩やかな尾根道と木段の急坂を歩く。思った以上に長い登りだ。マイペースで行こう。道はやがて新道と旧道に分かれるが、ここはブナ林の美しい新道を歩く。ほどなく❸国見城跡(くにみじょうあと)で、広場からは大阪平野が見渡せる。転法輪寺を抜けて葛木神社へ。ここは、本殿の裏が金剛山最高点の葛木岳

▲大阪平野の眺めが広がる国見城跡の展望スポット

となっている（神域のため立入禁止）。仁王杉を通過すれば、ダイヤモンドトレールが合流する❹一の鳥居(いちのとりい)で、すぐ先の分岐から一等三角点のある❺湧出岳(ゆうしゅつだけ)を往復できる（往復約15分）。

分岐に戻り、大阪府最高点やピクニック広場を過ぎると❻伏見峠(ふしみとうげ)に着く。ひと休みしたら伏見峠を右折し、念仏坂を下る。長い下りなので無理せずゆっくりと。うっそうとした杉林を行き、右手に樹齢300年といわれる「千早のトチノキ」が見えてくれば、ゴールの❼金剛山（千早）ロープウェイ前(まえ)バス停(てい)は間もなくだ。

山頂付近には雄大なカヤの草原が広がり、淡路島も見える好展望

岩湧山
（いわわきさん）

<table>
<tr><td>標高897m</td></tr>
<tr><td>大阪府
日帰り</td></tr>
</table>

関西［大阪近郊］

滝畑ダム → カキザコ → 鉄塔 → 岩湧山 → 五ツ辻 → 根古峰 → 越ヶ滝 → 紀見峠駅

総歩行時間	4時間55分	総歩行距離	11.1km	累積標高差	登り847m 下り897m	登山レベル	初級向	体力 ★★☆☆ 技術 ★★☆☆

適期‥‥10月上～5月下　　大展望

▲広大なカヤト（ススキの草原）が広がる岩湧山山頂周辺

公共交通機関

●行き：南海高野線または近鉄長野線河内長野駅▶南海バス約50分・540円▶滝畑ダム　●帰り：南海高野線紀見峠駅

マイカー

●西名阪自動車道藤井寺ICから国道170号経由で河内長野駅まで約15km。河内長野駅東側に出て橋を渡ると左側に大きな駐車場（終日1000円）がある。帰りは紀見峠駅から河内長野駅へ。岩湧山の北面に位置する岩湧の森駐車場から往復してもよい。

ヒント

●河内長野駅で適当なバス便がなければ滝畑ダムバス停から400mほど先にあるレストランまでタクシーを利用する（約4000円）。

問合せ

河内長野産業観光課☎0721-53-1111
南海バス河内長野営業所☎0721-53-9043

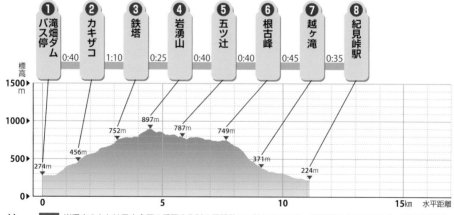

❶滝畑ダムバス停	0:40	❷カキザコ	1:10	❸鉄塔	0:25	❹岩湧山	0:40	❺五ツ辻	0:40	❻根古峰	0:45	❼越ヶ滝	0:35	❽紀見峠駅

標高 m
1500
1000　897m
500　274m　456m　752m　787m　749m　371m　224m
0
0　　　　5　　　　10　　　15km　水平距離

欄外情報　岩湧山のカヤは日本全国の重要文化財の屋根葺きに使われている。雑草雑木から守るため、国の予算にもよるが、3月にはほぼ刈り取られ、束にしてトラックで下ろされる。

登路は自然林に恵まれ新緑・紅葉も見事
下山路は手入れされた歩きやすい植林地

概要 岩湧山といえば優美な姿とカヤの群生に特徴がありどこからでもひと目で特定できる。滝畑からの登路は自然林の中だけに四季の変化に富むが、冬もおすすめだ。根古峰の電波反射板は他の山からもよく見えるので一度近くで見ておこう。

コース 河内長野駅からバスで**❶滝畑ダムバス停**へ。ダムの南端にレストランと並んで公衆トイレがあり、ここからダイヤモンドトレール（通称ダイトレ）を登っていく。いきなり急登だが、登り詰めると水場があってひと息つける。

▲ダイトレを登り水場でひと息

少し先で**❷カキザコ**の三差路に出て左へ（右は通行止め）。この先、シイ、クヌギ、リョウブなどの自然林が続く。千石谷を隔てて南葛城山（922m）が最接近した所で進路は東から北へ変わる。500段と書かれた道標がそこにあり、すっきりしたヒノキ林の中を登っていくと**❸鉄塔**に登り着く。レーダードームと鉄塔を備えた三国山が正面に見える。この先道は平坦になり、いよいよカヤの群生に差し掛かる。

▲岩湧山三合目は休憩適地。ここでダイトレと別れる

カヤの群生地を登ってたどり着いた**❹岩湧山**山頂は展望がよく、方位盤が周囲の山々を案内してくれる。休憩には最適だ。三角点は50m先にある。東峰に向かって下るが、その後ろ側に、右へ南葛城山から三国山、和泉葛城山へ延びる山並みが見える。トイレの前を通って東峰へ登り、**❺五ツ辻**に着く。休憩に適当だ。続いて南葛城山との分岐に着く。

❻根古峰の道標があり、通り過ぎた所で左上方に仲睦まじく向かい合う電波反射板が見える。時間に余裕があれば三角点を探してみよう。岩湧山三合目も休憩適地だ。ダイトレと別れて右へ下る。長い坂を下って**❼越ヶ滝**へ。大きな釜を備えたきれいな滝だ。鉄道の上に出たら東側の道を取り、**❽紀見峠駅**へ800mほど。

兵庫県最高峰として知られ、山頂からは大展望が楽しめる

氷ノ山
（ひょうのせん）

氷ノ山鉢伏口 → 氷ノ山越 → 氷ノ山 → 東尾根登山口 → 氷ノ山鉢伏口

標高 **1510** m

兵庫県・鳥取県
日帰り

総歩行時間	総歩行距離	累積標高差	登山レベル	体力	技術
6時間50分	**13.2** km	登り **1060** m / 下り **1060** m	**中級向**	★★★☆	★★★☆

▲扇ノ山から見た氷ノ山

公共交通機関
●往復：JR山陰本線八鹿駅▶全但バス約50分・990円
▶氷ノ山鉢伏口

マイカー
●北近畿豊岡自動車道八鹿氷ノ山ICから国道9号、県道87号経由で約23km。福定親水公園に無料駐車場あり。

ヒント
●公共交通機関で日帰りの場合は、バス便が少ないので、帰路の列車との連絡を考えて、念入りにダイヤを

チェックすること。登山口の福定には宿泊施設が多い。

問合せ
養父市関宮地域局 ☎079-667-2331
やぶ市観光協会 ☎079-663-1515
全但バス八鹿営業所 ☎079-662-6151
全但タクシー ☎079-662-4128
とがやま温泉天女の湯 ☎079-665-6677

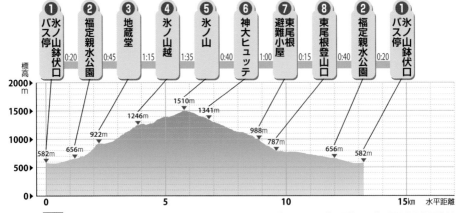

欄外情報 東尾根のドウダンツツジは5月下旬が見ごろ。マイカー利用なら、国道9号沿いの道の駅ようか但馬蔵近くのとがやま温泉天女の湯（☎079-665-6677）で日帰り入浴ができる。

氷ノ山越から県境の尾根道を山頂へ
ドウダンツツジ群落の東尾根を下る

概要 兵庫県の最高峰として人気がある。山頂は鳥取県との県境で、鳥取側にも整備された登山コースがある。豪雪地帯として知られ、5月のゴールデンウィークごろからが適期。新緑、紅葉に加え、伝説の単独行登山者、加藤文太郎が通った山としても人気がある。

コース ❶氷ノ山鉢伏口バス停から氷ノ山国際スキー場に続く舗装の林道をたどると、登山口の❷福定親水公園に着く。登山届箱、トイレ、水場がある。キャンプ場は有料。八木川沿いに登ると布滝がある。落差65mの滝を見て行こう。山腹の登山道を登り、地蔵さんを過ぎると平坦地となり❸地蔵堂に着く。古くは峠越えの旅人が泊まったお堂として知られる。

植林帯を抜けると自然林の林がきれいな道となり、流れを渡るころ左手に氷ノ山山頂が顔を出す。ひえの水、弘法の水、一口水などの小さな水場を過ぎると、避難小屋の立つ❹氷ノ山越に着く。峠

▲すばらしいブナ林を登る

を越えると鳥取県側の氷ノ山自然ふれあいの里に下る。右に行けば、ハチ高原だ。

左に折れて穏やかな尾根道を行く。新緑のブナ林が気持ちよい。鳥取県側から登ってくる仙谷分岐を過ごしてコシキ岩を巻くと、ひと登りで❺氷ノ山山頂だ。360度の展望が広がり、山頂避難小屋と展望台を兼ねたバイオトイレがある。山頂一帯が丸く緩やかなので、ガスが出ている時は下山方向に注意すること。

古生沼、古千本を通って❻神大ヒュッテ（一般使用不可）に下り、左に折れて東尾根をたどる。3ヵ所ほど水場を過ぎるとドウダンツツジの回廊、その先が❼東尾根避難小屋。左に折れるようにして❽東尾根登山口に下るとスキー場で、林道をたどって❷福定親水公園、❶氷ノ山鉢伏口バス停へと戻ってくる。

1:30,000
0　　250　　500m
1cm=300m
等高線は10mごと

但馬の中央にどっしりと構える植村直己の故郷の山

蘇武岳
（そぶだけ）

標高1074m

兵庫県
日帰り

名色駐車場→作業道出合→蘇武岳→林道出合→山田→神鍋温泉ゆとろぎ前

総歩行時間	5時間25分	総歩行距離	16km	累積標高差	登り 1056m 下り 1019m	登山レベル	初級向	体力 ★★☆☆☆ 技術 ★★☆☆☆

▲北東にある大岡山あたりから蘇武岳を望む

公共交通機関

●行き：JR山陰本線江原駅▶全但バス約25分・600円
▶名色駐車場 ●帰り：神鍋温泉ゆとろぎ前▶全但バス約30分・640円▶江原駅

マイカー

●北近畿豊岡自動車道日高神鍋高原ICから国道482号経由で約10km。名色登山口近くの駐車場を利用。緑資源公団作業道は車両乗り入れ禁止。

ヒント

●公共交通機関で日帰りの場合は、バス便が少ないので念入りにダイヤをチェックすること。ゆとろぎに立ち寄らない場合は、山田バス停からのバスを利用。

問合せ

豊岡市日高庁舎 ☎0796-42-1111
全但バス豊岡営業所 ☎0796-23-2286
神鍋温泉ゆとろぎ ☎0796-45-1515

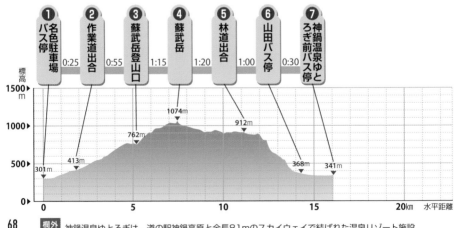

① 名色駐車場バス停　0:25　② 作業道出合　0:55　③ 蘇武岳登山口　1:15　④ 蘇武岳　1:20　⑤ 林道出合　1:00　⑥ 山田バス停　0:30　⑦ 神鍋温泉ゆとろぎ前バス停

標高1500m / 1000m / 500m / 0m　水平距離20km

301m　413m　762m　1074m　912m　368m　341m

欄外情報　神鍋温泉ゆとろぎは、道の駅神鍋高原と全長81mのスカイウェイで結ばれた温泉リゾート施設。

名色から一等三角点の好展望の山頂へ
ひと足延ばして奥神鍋スキー場へ縦走

概要 但馬中央山脈の中心にある蘇武岳は、植村直己の故郷の山として人気がある。山麓には神鍋スキー場があり、四季を通してのアウトドアエリア。名色登山口から奥神鍋スキー場のある山田までの縦走コースは、展望がよい登山が楽しめる。一等三角点の山だ。

コース ❶名色駐車場バス停から稲葉川手前の駐車場を過ぎると緑資源公団の❷作業道出合に登り着く。作業道は、金山峠まで林道で続いているが一般車両は通行禁止だ。作業道をたどると備前山の横あたりで閉鎖した名色スキー場の頭に着く。スキー場側に入ると、神鍋高原の眺めがよい。

作業道の脇に❸蘇武岳登山口の道標があり、ここから山道となる。山道といっても、雑木林のなかの薄暗い落ち葉の道で、滑りやすい。登り下りしながら高度を上げると、少しずつ明るくなり、大きな木が増えてくる。このあたりにはブナやミズナラなどの広葉樹が多く、新緑や紅葉は見事で

▲登山口近くの神鍋山の火口

ある。

樹林を抜けると草原で、正面にドーム型の山頂が目に入る。草原を抜けると❹蘇武岳山頂で、一等三角点のある広場になっており、天気がよい日は日本海も望める。但馬中央山脈北側の三川山、南側の但馬妙見山、西には氷ノ山、鉢伏山、瀞川山が目に入る。

山頂からは北に林道をたどる。万場スキー場の上部で林道が交わる❺林道出合となり、その少し先の標高909mあたりから右手の奥神鍋スキー場を下る。山田コースと呼ばれ、地元ではよく歩かれている登山コースだ。

リフトを目安にゲレンデを下ると民宿やロッジのある山田で、全但バスの❻山田バス停に着く。さらに30分も歩けば、立ち寄り湯のある神鍋温泉ゆとろぎに着く。帰りは❼神鍋温泉ゆとろぎ前バス停から。

上級
中級
初級
入門

関西［播磨・丹波・但馬］

仙人が舞い降りた「仙ヶ峰」とも称する山頂周辺にはササの草原が広がる

千ヶ峰
せんがみね

標高**1005**m

兵庫県
日帰り

門村 → 三谷登山口 → 千ヶ峰 → 市原峠 → 市原登山口 → 丹治

総歩行時間	総歩行距離	累積標高差	登山レベル	体力・技術
4時間**45**分	**11**km	登り **904**m　下り **896**m	**初級向**	体力 ★★☆☆☆　技術 ★★☆☆☆

適期…4月上〜11月下　大展望

▲千ヶ峰の稜線はササ原で展望がよい

公共交通機関
●行き：JR加古川線西脇市駅▶ウイング神姫バス約50分・920円▶門村　●帰り：丹治▶ウイング神姫バス約55分・960円▶西脇市駅

マイカー
●中国自動車道滝野社ICから国道175号・427号で西脇市を抜け多可町の高岸で左折し引き続き427号を進み、門村バス停近くで左折して三谷登山口まで約33km。三谷登山口駐車場を利用。

ヒント
●公共交通機関利用の場合は、バス便が少ないので念入りにダイヤをチェックすること。

問合せ
多可町商工観光課 ☎ 0795-32-4779
神河町ひと・まち・みらい課 ☎ 0790-34-0971
ウイング神姫西脇営業所 ☎ 0795-22-7374
神河町コミュニティバス ☎ 0790-34-0002

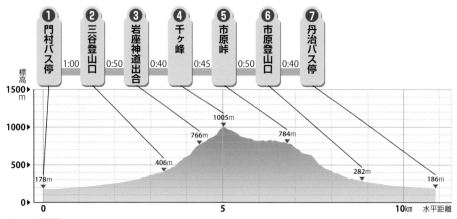

❶ 門村バス停		❷ 三谷登山口		❸ 岩座神道出合		❹ 千ヶ峰		❺ 市原峠		❻ 市原登山口		❼ 丹治バス停
	1:00		0:50		0:40		0:45		0:50		0:40	

標高 1500m / 1000 / 500 / 0m

178m　406m　766m　1005m　784m　282m　186m

0 — 5 — 10km　水平距離

欄外情報 神河町側からの水谷西コースが新設された。また、稜線近くまで作業道（林道）が延長されている。

三谷登山口から急坂を登り千ヶ峰山頂へ
草原の緩やかな稜線をたどり市原へ下る

概要 東播の北端にある千ヶ峰は、尖った山容で古くから地元の信仰を集めている。山頂一帯の高原状のササ原は広く展望がよい。マイカー登山だと登山口駐車場から短時間で山頂だ。12月下旬から2月下旬頃まで積雪があるので注意。

コース 左手に千ヶ峰の山容が見えると❶門村バス停だ。国道を北進し、「千ヶ峰登山口」の看板を目印に左折、三谷集落を抜けていく。キャンプ場（旧ハーモニーパーク）への車道を右に分けて林道をたどり、再び先ほどの車道に合流して左折すると駐車場とトイレのある❷三谷登山口だ。

渓谷に入ると雄滝、雌滝があり、落差20mの雄滝は水量は少ないが迫力がある。スギ林のなかを登ると少しずつ展望が開けて、岩座神コースが合流する❸岩座神道出合に着く。ここからはクマザサの急登で、登り切ると展望が開けて❹千ヶ峰山頂に着く。二等三角点のある山頂からは、北西に氷ノ山、段ヶ峰、南に笠形山、西に雪彦山など

▲積雪期には登山グループが多数入山する

兵庫の名山が遠望できる。

山頂から市原峠に向かってなだらかな稜線をたどる。クマザサの草原状の道は、春、夏、秋と気持ちよい。ほどよく下ったところに岩の展望台と呼ばれる露岩があり、そこを過ぎると❺市原峠に着く。峠は加美町と旧夢前町を結ぶ江戸時代からの古道だ。西側の神河町側に下ると神河町コミュニティバスの作畑新田バス停がある。

東の市原から市原峠までは林道が延びていて、市原登山口にもつながっている。多少荒れているが林道から外れて谷道を行くと❻市原登山口で、あとはこはる公園などに寄り道しながら道なりに歩いて❼丹治バス停でバスを待つ。

27
千ヶ峰

上級
中級
初級
入門

播州平野を見下ろす一等三角点の山を笠形神社大鳥居から回遊

笠形山
（かさがたやま）

標高939m

兵庫県
日帰り

寺家公民館前 → 笠形神社 → 笠ヶ丸 → 笠形山 → 仙人滝 → 寺家公民館前

| 総歩行時間 | 4時間50分 | 総歩行距離 | 9.4km | 累積標高差 | 登り 957m 下り 957m | 登山レベル | 初級向 | 体力 ★★☆☆☆ 技術 ★★★☆☆ |

▲笠ヶ丸あたりは高原状で展望がよい

公共交通機関

●寺家へは甘地駅バス停（JR播但線甘地駅から3分）から市川町コミュニティバスが運行（約35分・100円）。火・金曜のみ。それ以外は福崎町からタクシー利用。

マイカー

●播但連絡道路市川南ランプから県道34号経由で寺家公民館前まで約12km。

ヒント

●多可町の大屋登山口へはJR西脇市駅からウイング神姫バスがある。神河町のグリーンエコー笠形登山口へはJR新野駅から神河町コミュニティバスがある。

問 合 せ

市川町（コミュニティバスも）☎0790-26-1010
神河町ひと・まち・みらい課 ☎0790-34-0971
多可町商工観光課 ☎0795-32-4779
ウイング神姫西脇営業所 ☎0795-22-7374
神崎交通（タクシー・福崎町）☎0120-8951-12

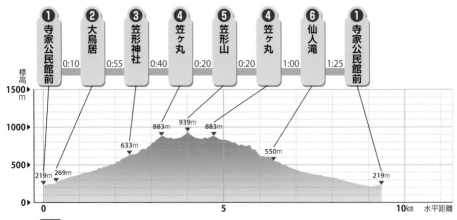

① 寺家公民館前　0:10　② 大鳥居　0:55　③ 笠形神社　0:40　④ 笠ヶ丸　0:20　⑤ 笠形山　0:20　④ 笠ヶ丸　1:00　⑥ 仙人滝　1:25　① 寺家公民館前

標高 m
1500m
1000m
500m
0m

219m　269m　633m　883m　939m　883m　550m　219m

0　5　10km　水平距離

欄外情報　立ち寄り湯は、県道34号そばに、かさがた温泉せせらぎの湯（☎0790-27-1919）がある。

ススキの原の笠ヶ丸から笠形山を往復
笠形神社、蓬莱岩、仙人滝の名所もめぐる

概要 笠形山へのポピュラーコースとして人気がある笠形神社からのコースは、市川町瀬加（寺家）へのバス便は限られており、マイカー登山が主流。道標もあり迷いにくいが、蓬莱岩〜仙人滝あたりが少し荒れている。春の新緑、秋の紅葉は見逃せない。冬期は約50cmの積雪がある。

コース かさがた温泉を過ぎると寺家の集落で、❶寺家公民館前に駐車する。その奥に❷大鳥居があり、ここから笠形神社まで参道をたどる。笠形寺を過ぎて林道と交わりながら休み堂を過ぎると林道の終点で、笠形神社の下に来る。山道を登ると拝殿、本殿が並ぶ❸笠形神社に着く。スギやヒノキの大木がそびえ、昭和34年（1959）に姫路城の心柱となったヒノキの記念碑が立っている。紅葉の名所でもある。

奥社の裏から参道に入る。展望のない雑木林の

なかを歩くと左に仙人谷に入る道があるが、これを見送って長い丸太階段を登ると、ススキの原となって展望が開けてくる。❹笠ヶ丸からは笠形山を往復する。

いったん鞍部まで下ると左からグリーンエコー笠形からのコースが登ってくる。登り返すと❺笠形山山頂だ。大屋からのコースも登ってくる。播州きっての展望といわれるだけあって360度の展望で、播州の名山ばかりか六甲連山、播磨灘の島々までと眺めがよい。

❹笠ヶ丸まで戻り、右へ鹿ヶ原に向かってササ原を下ると標高768m地点から急な下りとなって、蓬莱岩の道標を入ると平らな岩の蓬莱岩がある。元に戻って谷間から尾根へと山腹を巻くと落差10mの❻仙人滝がある。このあたりは台風の後などは荒れていることがある。整備されていない林道を寺家の集落まで下り、❶寺家公民館前の駐車場へ戻る。

笠形山〜グリーンエコー笠形前バス停 下り1時間25分、登り1時間55分

笠形山〜大屋バス停 下り2時間、登り2時間40分

▲かさがた温泉

笠形山自然公園センター ネイチャーパークかさがた

笠形山 ❺ 939

笠ヶ丸 ❹ 鹿ヶ原 883

❻ 仙人滝 蓬莱岩

❸ 笠形神社

卍笠形寺 休み堂

仙人滝コース登山口

❷ 大鳥居

❶ 寺家公民館前

兵庫県 市川町

神河町 多可町

大屋

1:50,000
1cm=500m
等高線は20mごと

関西
［播磨・丹波・但馬］

適期…3月中〜11月下

大展望・立ち寄り湯

岩場めぐりを楽しめる播州の名山は展望の縦走コースが人気

雪彦山
（せっぴこさん）

標高 950 m
（鉾立山）
兵庫県
日帰り

登山口 → 大天井岳 → 雪彦山 → ジャンクションピーク → 虹ヶ滝 → 登山口

総歩行時間	**4時間35分**	総歩行距離	**6.1km**	累積標高差	登り **839m** 下り **839m**	登山レベル	**中級向**	体力 ★★☆☆ 技術 ★★★☆

▲展望岩から望む岩峰群

公共交通機関

●往復：JR播但線福崎駅▶タクシー約30分・約6000円▶雪彦山登山口

マイカー

●中国自動車道福崎ICから県道23号を西進、前之庄西から県道67号・411号・504号経由で雪彦山登山口まで約20km。登山口の有料駐車場を利用。

ヒント

●バス利用なら大天井岳往復がよい。下山は沢沿いの

道なので、天候急変時は大曲り休憩所から雪彦峰山林道経由で登山口に戻りたい（虹ヶ滝から約1時間半）。

問合せ

姫路市観光課 ☎079-221-2116
姫路市夢前事務所 ☎079-336-0001
神崎交通タクシー ☎0120-8951-12
辻川タクシー ☎0790-22-0242
雪彦温泉 ☎079-338-0600

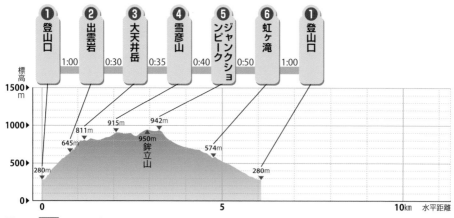

❶ 登山口		❷ 出雲岩		❸ 大天井岳		❹ 雪彦山		❺ ジャンクションピーク		❻ 虹ヶ滝		❶ 登山口
	1:00		0:30		0:35		0:40		0:50		1:00	

標高
1500m
1000m
500m
0m

280m　645m　811m　915m　942m　950m 鉾立山　574m　280m

0　　　　　　　5　　　　　　　10km　水平距離

欄外情報　アクセス路の県道67号沿いにある雪彦温泉（年末年始休業）は、登山者、ハイカーに人気。軽食コーナーや休憩室がある。

正面登山口から岩場めぐりで大天井岳へ
雪彦連山を縦走し深い渓谷虹ヶ滝を下る

概要 雪彦山正面登山口から雪彦連山を縦走して虹ヶ滝に下るコースは、前半は岩場が多く、雨天時や降雨後は注意が必要。後半の沢筋は、しっかりとした足どりでたどりたい。ビギナー同士なら、大天井岳までの往復プランでも展望が楽しめて満足できる。

コース ①登山口の駐車場に駐車する。ここは雪彦山正面登山口でタクシーもここまでとなる。キャンプ場の管理事務所が登山口で、ここから丸太の階段を登っていく。急な登りなので、ゆっくりと登っていこう。階段を登ると修験の行場が現れる。雪彦山は、新潟の弥彦山、福岡の英彦山とともに日本三彦山として知られる修験の山だ。大正末期からはロッククライミングのゲレンデとして知られている。

不動岩を過ぎると尾根に出て展望岩に着く。洞ヶ岳（大天井岳、三峰岳、不行岳、地蔵岳）の岩峰群や播州の山並みが望める。行者堂跡を過ぎる

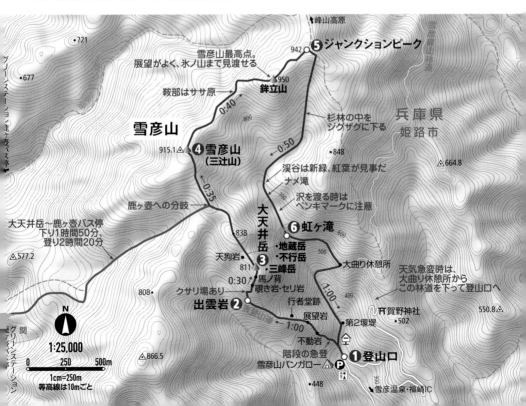

▲大天井岳山頂の祠

と②出雲岩で、右に回り込むとクサリ場がある。ザックを外さないと通れないセリ岩を抜け（迂回路あり）、馬ノ背を登り切ると「雪彦山」の道標がある③大天井岳に着く。笠形山、七種山、遠く六甲連山まで見渡せる。

大天井岳の先で2本の道を右に分けると、左から鹿ヶ壺からの登山道が合流する。登り返して三角点のある④雪彦山（三辻山）に着く。鞍部まで下って登り返すと氷ノ山まで見渡せる鉾立山で、今回の最高峰950mだ。下っていくと⑤ジャンクションピークで峰山高原への分岐だ。

右に折れて急な谷筋を下る。やがて、新緑や紅葉が見事な深い渓谷となり、ナメ滝がある。沢を渡るときは注意して⑥虹ヶ滝に出る。流れから離れて大曲り休憩所を経て①登山口の駐車場に戻ってくる。

・721
・677
雪彦山最高点。
展望がよく、氷ノ山まで見渡せる
942
⑤ジャンクションピーク
950
鉾立山
鞍部はササ原
0.40
809
杉林の中をジグザグに下る
兵庫県
姫路市
雪彦山
915.1△ ④雪彦山（三辻山）
0:50
・848
△664.8
0:35
渓谷は新緑、紅葉が見事だ
ナメ滝
沢を渡る時はペンキマークに注意
鹿ヶ壺への分岐
838
⑥虹ヶ滝
大天井岳
・地蔵岳
・不行岳
③三峰岳
天狗岩
811
馬ノ背
0:30
覗き岩・セリ岩
大天井岳〜鹿ヶ壺バス停
下り1時間50分、
登り2時間20分
△577.2
808・
クサリ場あり
出雲岩②
行者堂跡
大曲り休憩所
天気急変時は、大曲り休憩所からこの林道を下って登山口へ
賀野神社
550.8△
・502
展望岩
1:00
第2堰堤
1:00
不動岩
階段の急登
雪彦山バンガロー
①登山口
△866.5
・448
雪彦温泉・福崎IC

N

1:25,000
0   250   500m
1cm=250m
等高線は10mごと

関西［播磨・丹波・但馬］

適期…4月上〜11月下　大展望・立ち寄り湯

丹波の屋根・多紀アルプスの主峰を回る岩と展望の縦走コース

御嶽（みたけ）・小金ヶ嶽（こがねがたけ）

標高**793m**
（御嶽）
兵庫県
日帰り

火打岩→鳥居堂跡→御嶽→大峠→小金ヶ嶽→小金口

総歩行時間	**4時間10分**	総歩行距離	**7.9km**	累積標高差	登り **841m** 下り **854m**	登山レベル	**中級向**	体力 ★★☆☆☆ 技術 ★★★☆

▲御嶽直下からは小金ヶ嶽の岩場が見える

公共交通機関

●行き：JR福知山線篠山口駅▶ウイング神姫バス約20分・340円▶本篠山▶タクシー約10分・約2000円▶火打岩　●帰り：小金口▶タクシー約10分・約2000円▶本篠山▶ウイング神姫バス約20分・340円▶篠山口駅

マイカー

●舞鶴若狭自動車道丹南篠山口ICから県道299号・301号など経由で大峠駐車場（無料）まで約15km。

ヒント

●本篠山（中心街）〜火打岩の乗合タクシー（所要20〜40分・500円）は平日3往復（朝・昼・夕）と日祝2往復（朝・夕）の定時便がある。

問合せ

丹波篠山市商工観光課 ☎079-552-6907
篠山観光案内所 ☎079-552-3380
ウイング神姫篠山営業所 ☎079-552-1157
日本交通タクシー（乗合タクシーも）☎079-594-1188

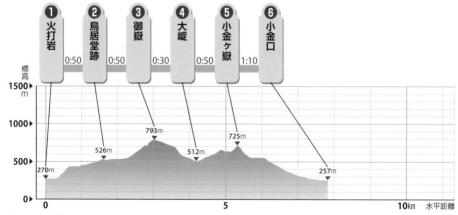

❶ 火打岩		❷ 鳥居堂跡		❸ 御嶽		❹ 大峠		❺ 小金ヶ嶽		❻ 小金口
	0:50		0:50		0:30		0:50		1:10	

標高 m
1500m
1000m
500m
0m

270m　526m　793m　512m　725m　257m

0　　　　　5　　　　　10km　水平距離

欄外情報　立ち寄り湯は、西紀荘（☎079-592-0045）など。マイカーなら大峠から北の草山温泉にやまもりの湯（☎079-592-0211）がある。

一等三角点の御嶽から小金ヶ嶽へ
修験の気配が色濃い岩陵を歩く

概要 多紀アルプスの主峰・御嶽と小金ヶ嶽を継ぐ縦走登山は、アルプスの名のごとく標高差のあるダイナミックな登山が楽しめる。小金ヶ嶽は岩尾根でスリルが味わえて、2山ともに展望はよい。例年12月下旬から2月下旬は積雪がある。

コース 御嶽登山口の**❶火打岩**（バス停跡）でタクシーを降りる。マイカーは登山口の先の多紀連山登山者駐車場を利用。「御嶽登山口」の道標を見て左に曲がり、民家の脇を右折して山道に入る。前方には御嶽のすっきりとした山道が目に入る。植林帯のなか、階段を登ると尾根に出て、緩やかに高度を上げて**❷鳥居堂跡**へ。

穏やかな道が続き、かつての寺院跡の大岳寺跡（水呑み場跡）を過ぎて御嶽への急な登りが始まる。左手には多紀アルプスの一つ西ヶ嶽が顔を出す。岩場を過ぎるとあずま屋とトイレブースがあり、すぐに稜線に出る。左へ行くと電波塔と方位板のある**❸御嶽**（三嶽）山頂だ。展望は大岳側の役

▲山中には修験道ゆかりの石仏などが多い

行者を祀る石室のほうがよい。対峙する小金ヶ嶽が印象的で、北摂、多紀、但馬の山々が望める。

石室から**❹大岳**へ下る。駐車場、トイレのある大岳からスギ林に入る。尾根道になると岩群が目に入る。4月上旬から5月上旬にはヒカゲツツジの群落が美しいところだ。大きな岩場には巻き道もあるが、クサリ場もあるので注意して登っていこう。灌木を抜けると**❺小金ヶ嶽**頂上。古くは蔵王堂があったといわれる。方位盤があり御嶽より展望がよい。

山頂からは、福泉寺方面への道標に従い急坂をコルまで下り、福泉寺跡へと登り返して谷筋に入る。足場は少し悪いが、やがて舗装路となって橋を渡ると**❻小金口**（バス停跡）に出て、タクシーで本篠山（城下町）に戻る。

御嶽・小金ヶ嶽

草山温泉
クサリのある岩稜歩き
石室あり
0:30
❹大岳
0:50
御嶽**❸**
（三嶽）
793
トイレブース
急な下り
クサリあり
ここから2山を往復するのがポピュラー
小金ヶ嶽**❺**
725
嶽27
岩場あり
0:50
大岳寺跡
クリンソウ
福泉寺跡
畑山
・595
自然林の黄紅葉が見事
鳥居堂跡❷
民家の脇から山道に入る
兵庫県
丹波篠山市
御嶽春日道
クリンソウ
登山者駐車場
御嶽登山口の道標あり
廣嶺神社
鍔市ダム

N

1:30,000
0　250　500m
1cm=300m
等高線は10mごと

「丸山集落1.1km」の道標
火打岩❶
（バス停跡）
483
篠山中心街から乗合タクシーもある
火打岩
小金口❻
（バス停跡）
黒岡川
知足
丸山集落（古民家群）
丹波篠山市中心部・本篠山

丹波富士で知られる白髪岳と南北朝の史跡が残る松尾山をめぐる

白髪岳
しらがだけ

古市駅 → 三叉路 → 白髪岳 → 松尾山 → 三叉路 → 古市駅

標高 **722m**	
兵庫県 **日帰り**	

総歩行時間	**5時間10分**	総歩行距離	**12.5km**	累積標高差	登り **790m** 下り **790m**	登山レベル	**中級向**	体力 ★★☆☆ 技術 ★★★☆

▲白髪岳山頂手前の岩場を行く

公共交通機関
●往復：JR福知山線古市駅

マイカー
●舞鶴若狭自動車道丹南篠山口ICから県道94号、国道176号・372号経由で住山まで約10km。住山に有料駐車場、林道奥の住山登山口に数台の駐車スペースあり。

ヒント
●古市駅から三叉路までタクシー約1500円。タクシーは常駐していないので、電車の到着時刻に合わせて予約しておくとよい。帰路のJRは1時間に2便。事前にチェックしてから出発しよう。

問合せ
丹波篠山市丹南支所 ☎079-594-1131
日本交通タクシー ☎079-594-1188
こんだ薬師温泉ぬくもりの郷 ☎079-590-3377

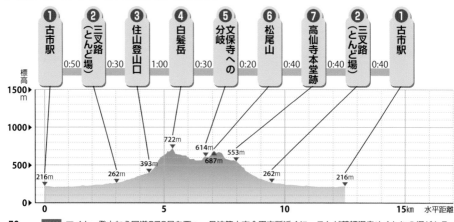

① 古市駅 ―0:50→ ② 三叉路（とんど場） ―0:30→ ③ 住山登山口 ―1:00→ ④ 白髪岳 ―0:30→ ⑤ 文保寺への分岐 ―0:20→ ⑥ 松尾山 ―0:40→ ⑦ 高仙寺本堂跡 ―0:40→ ② 三叉路（とんど場） ―0:40→ ① 古市駅

標高
1500m
1000m
500m
0m

216m　262m　393m　722m　687m　614m　553m　262m　216m

0　　5　　10　　15km　水平距離

欄外情報　マイカー登山なら国道372号を西へ、丹波篠山市今田支所近くに、こんだ薬師温泉ぬくもりの郷がある。特産の丹波石を使った風呂が人気。

クサリ場のある白髪岳の岩稜を登り
松尾山から山城跡や古刹跡を訪ね下山

概要 丹波富士として知られる名山で、古くから登山家に人気がある。登山口から白髪岳への登りは急登だが、二等三角点の山頂からの展望はよい。対峙する松尾山は南北朝の山城跡や古刹跡が残る。冬期は20cmほどの積雪がある。道標は整備されている。

コース ❶古市駅を出て福知山線の踏み切りを渡ってY字路で右に折れる。天神川沿いで住山集落を目指す。集落内の❷三叉路（とんど場）には、登山コースの案内板がある。マイカーは、ここか林道奥の住山登山口に駐車する。

三叉路で左に折れて林道をたどると左手にあずま屋と案内板がある❸住山登山口に着く。ここは住山生活環境保全林として整備され、遊歩道がある。スギ林のなかの急な丸太階段を登ると、やがて雑木林となって尾根に出れば展望が開けてくる。露岩がありクサリ場を越えて岩稜を進むと❹白髪岳山頂だ。二等三角点の山頂からは丹波、北

▲三角点のある白髪岳山頂

摂、多紀連山、六甲連山と360度の展望が楽しめる。

山頂からは急坂を鞍部へと下り、689m峰を巻いて緩やかな尾根道を行けば❺文保寺への分岐がある。文保寺を経てJR丹波大山駅までは約1時間40分。分岐を見送るとすぐに❻松尾山山頂だ。雑木林で展望はないが広場になっていて、南北朝期に酒井氏の山城があったところ。山頂から南へ下ると巨木の千年杉、展望のよい仙ノ岩がある。

さらに下ると酒井正治の墓と20数基の卵塔が並ぶ。谷あいを経て❼高仙寺本堂跡がある。高仙寺は飛鳥時代に創建された天台宗の寺院で、鎌倉時代には七堂伽藍、26坊があった。大正期に南矢代に移された。

3体の石仏を過ぎ愛宕堂、不動滝を過ぎて林道に出ると❷三叉路（とんど場）に戻り着く。あとは来た道を戻り❶古市駅へ。

関西 ［播磨・丹波・但馬］

適期…通年

花・大展望

紀伊半島、瀬戸内海の島々、四国の山並みを望む淡路島の最高峰

諭鶴羽山
（ゆづるはさん）

市→諭鶴羽ダム→神倉神社→諭鶴羽山→諭鶴羽神社→黒岩

標高**608m**

兵庫県
日帰り

| 総歩行時間 | 3時間30分 | 総歩行距離 | 10.3km | 累積標高差 | 登り 650m 下り 691m | 登山レベル | 初級向 | 体力 ★☆☆☆ 技術 ★★☆☆ |

▲スイセンの季節なら灘黒岩水仙郷に立ち寄ろう

公共交通機関
●行き：高速舞子▶高速バス約1時間20分・2130円▶福良▶淡路交通バス約15分・230円▶市 ●帰り：黒岩▶コミュニティバス約1時間10分・300円▶陸の港西淡▶高速バス約1時間20分・2050〜2210円▶神戸三宮

マイカー
●神戸淡路鳴門自動車道洲本ICから国道28号、県道535号経由で約13km。南あわじ市サイクリングターミナルゆずるは荘先のダムサイトに駐車場あり。

ヒント
●高速バス榎列バス停からタクシー（呼び出しのケーブル電話あり）で諭鶴羽ダムまで約2500円。高速舞子▶高速バス約50分・1850円▶榎列（えなみ）

問合せ
南あわじ市商工観光課 ☎0799-43-5221
淡路交通バス（高速バスも）☎0799-22-0808
コミュニティバス（みなと観光バス）☎0799-36-3081

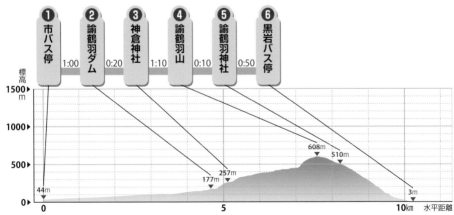

❶市バス停 1:00 ❷諭鶴羽ダム 0:20 ❸神倉神社 1:10 ❹諭鶴羽山 0:10 ❺諭鶴羽神社 0:50 ❻黒岩バス停

標高 1500m / 1000m / 500m / 0m — 水平距離

44m / 177m / 257m / 608m / 510m / 3m

欄外情報 マイカー登山なら、立ち寄り湯として、南あわじリフレッシュ交流ハウスゆーぷる（☎0799-50-5126）、神代の南あわじクア施設さんゆ〜館（☎0799-43-3939）がある。

諭鶴羽ダムから裏参道で諭鶴羽山に登り海に急降下する表参道で水仙郷に下山

概 要 淡路島南端、淡路島の最高峰で一等三角点の山。常緑広葉樹に覆われた南国ムードがあり新春のスイセンが人気。バスでのアプローチはよくないが、歩行時間も短かく、登山道も分かりやすい明るい山で盛夏を避ければ冬期も登山できる。

コース ❶**市バス停**から南あわじ市サイクリングターミナルを目指す。1時間ほどの単調な舗装路の一本道だ。登山口の❷**諭鶴羽ダム**はサイクリングターミナルを過ぎたところ。

諭鶴羽ダムの湖面を見てダムを渡ったところから山道となる。スギ林の急登だが、すぐに明るい稜線に出て❸**神倉神社**に着く。ここから諭鶴羽山までは裏参道と呼ばれ丁石が並ぶ。近畿自然歩道の案内板もある。裏参道は諭鶴羽神社への参道で、それほどの起伏を感じさせない静かな道だ。最後は急登となって電波塔に出て舗装路を少したどると❹**諭鶴羽山**山頂だ。山頂は広場になっていて、一等三角点、祠、展望台がある。島内はもとより

▲諭鶴羽山山頂は広場になっていて好展望

紀伊半島、四国の山並み、瀬戸内の島々が一望できる。鳴門海峡にかかる鳴門大橋が印象的だ。

山頂からは平和祈念塔広場を経て❺**諭鶴羽神社**の境内に入る。境内にはアカガシの群落、タブの巨木、ユズリハの幼木があり緑が絶えない。諭鶴羽神社は淡路山岳霊山として最も古い歴史を持つが、中世に社殿の大半を焼失している。

神社から表参道を下る。タブの原生林の森で、急斜面になって石がゴロゴロあるので慎重に下っていく。みかん畑を過ぎると車道に出て、坂道を下ると❻**黒岩バス停**のある海岸道路だ。灘黒岩水仙郷へは、1～2月のスイセンの季節に福良からのシャトルバスもある。

関西 [大峰・台高]

名瀑と台高山脈の展望が魅力の大峰山脈支稜の峰

百合ヶ岳
（ゆりがたけ）

標高 **1346**m

奈良県
日帰り

登山口 → 滝見展望台 → 百合ヶ岳 → 展望岩 → 登山口

総歩行時間	総歩行距離	累積標高差	登山レベル		
3時間55分	**5.3**km	登り **776**m 下り **776**m	**中級向**	体力 ★★☆☆ 技術 ★★★☆	

▲女郎岩の難所を慎重に登る

適期…4月上～11月下旬　花・立ち寄り湯

公共交通機関
●往復：近鉄吉野線大和上市駅▶やまぶきバス約1時間・200円▶下多古　※日祝は運休。バス停から登山口までは約4kmを歩く。バスの本数は非常に少ないのでマイカーがおすすめ。

マイカー
●南阪奈道路葛城ICから国道169号を経由して登山口まで約53km。林業用ヘリポートは駐車禁止。手前の路肩などに駐車することになる。

ヒント
●滝道は初夏から秋口までヤマビルが出る。露岩の急登箇所や女郎岩では滑落に注意。下山ルートは一部で踏み跡が重複するため、テープを見失わないように。

問合せ
川上村観光協会 ☎0746-52-0111
やまぶきバス（川上村総務税務課）☎0746-52-0111

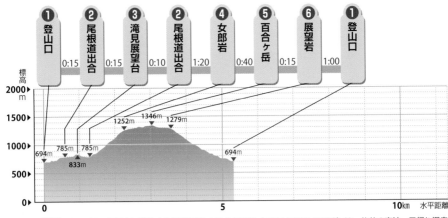

① 登山口 0:15 ② 尾根道出合 0:15 ③ 滝見展望台 0:10 ② 尾根道出合 1:20 ④ 女郎岩 0:40 ⑤ 百合ヶ岳 0:15 ⑥ 展望岩 1:00 ① 登山口

標高
2000m
1500m
1252m 1346m 1279m
1000m
694m 785m 785m 694m
833m
500m
0m
0　　　5　　　10km　水平距離

欄外情報　道の駅杉の湯川上に隣接する湯盛温泉 ホテル杉の湯（☎0746-52-0006）は、公共の宿泊・日帰り温泉施設。高野槇や天然石造りの露天風呂が自慢。11時～16時30分（入浴は17時30分まで）、水曜休、700円。

琵琶ノ滝を望み、シャクナゲのトンネルを抜けてブナ・カエデの尾根へ

概要 百合ヶ岳（別名：大所山）は、大峯奥駈道から離れた支脈の山ながら、みどころに富む。渓谷美を楽しみながら琵琶ノ滝を展望し、シャクナゲを愛でながら険しい急登に挑む。対照的に山頂部では、穏やかなブナ・カエデ林に癒やされる。

コース ❶登山口から沢沿いの道を進む。❷尾根道出合からそのまま登らず、まずは琵琶ノ滝を見に行こう。吊橋を渡って岩場を横切ると❸滝見展望台で、木立の先に琵琶ノ滝（2段50m）が見える。❷尾根道出合まで戻り、テープを目印に植林地の急坂を登る。岩尾根は固定ロープに頼り切らず、木の根や岩をうまくつかみながら、三点確保で丁寧に登ろう。この付近のシャクナゲ群落は5月中旬が花期だ。

やがてシャクナゲ群落をくぐるようになり、そそり立つ❹女郎岩に着く。大きな木の根と固定ロープの助けを借りて慎重に登る。足元が時折フワフワ感じる道は、古木とコケが織りなす太古の雰

▲岩場地帯に咲くシャクナゲ

囲気を感じさせる。この先の緩斜面では5月頃、オオカメノキの白い花が目を楽しませてくれる。

ブナやカエデが立つ小ピークを越え、尾根を北寄りに進む。踏み跡ははっきりしないが、尾根筋を忠実にたどれば、間もなく❺百合ヶ岳の山頂に着く。ブナ林で癒やしの時間を楽しもう。

頂から北東へ続く尾根をたどり、右の植林帯の道に入る。すぐに❻展望岩で、このルート随一の絶景が拝める。白鬚岳の美しい三角形をはじめ、台高山脈を一望したらジグザグに下り、黒い岩に水がしたたるカラ谷の滝を経て、大岩壁の直下で桟橋を渡る。作業林道に合流し、❶登山口に戻る。

関西［大峰・台高］

適期…5月中〜10月下 ▲ 日本三百名山・大展望・立ち寄り湯

わが国で唯一、今なお女人禁制を守り続ける修験の山

山上ヶ岳（大峰山）
（さんじょうがたけ）（おおみねさん）

洞川温泉 → 洞辻茶屋 → 山上ヶ岳 → レンゲ辻 → 洞川温泉

標高1719m

奈良県
前夜泊・日帰り

総歩行時間	6時間35分	総歩行距離	16.7km	累積標高差	登り 1143m 下り 1143m	登山レベル	中級向	体力 ★★★☆ 技術 ★★☆☆

▲鐘掛岩の展望台から吉野へと続く奥駈道を望む

公共交通機関
●往復：近鉄吉野線下市口駅▶奈良交通バス約1時間10分・1300円▶洞川温泉

マイカー
●京奈和自動車道御所南ICから国道309号、県道21号経由で約42km。大峯大橋（清浄大橋）前に有料駐車場あり。

ヒント
●マイカー登山なら日帰りも可能。入山口の洞川温泉

街には旅館や民宿も多い。

問合せ
天川村総合案内所 ☎0747-63-0999
奈良交通サービスセンター ☎0742-20-3100
天川タクシー ☎0747-63-0015
千石タクシー（下市口） ☎0747-52-2555

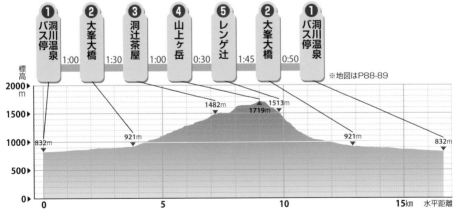

① 洞川温泉バス停 ─1:00─ ② 大峯大橋 ─1:30─ ③ 洞辻茶屋 ─1:00─ ④ 山上ヶ岳 ─0:30─ ⑤ レンゲ辻 ─1:45─ ② 大峯大橋 ─0:50─ ① 洞川温泉バス停

※地図はP88-89

標高
2000m
1500m
1000m
500m
0m

832m 921m 1482m 1719m 1513m 921m 832m

0　　　　　5　　　　　10　　　　　15km　水平距離

欄外情報　洞川温泉の旅館・民宿の宿泊問合せは洞川温泉観光案内所（☎0747-64-0333）へ。
山上ヶ岳頂上宿坊は龍泉寺（☎0747-64-0001・5月3日〜9月21日）へ。

▲西ノ覗岩と周囲を彩る紅葉

▲大峰山寺本堂は一重寄棟造りの大屋根で重厚そのもの

洞辻茶屋から表行場を経て山頂へ
レンゲ辻からは清流の谷道を下る

概要 世間で大峰山といえばこの山上ヶ岳を指すほど有名な山で、山上には修験道の本山というべき大峰山寺があるほか、表と裏の行場があって、今なお女人禁制を守り続けている。山上ヶ岳へは吉野から向かうのが本道だが、ここではアプローチの短い洞川温泉から登るコースを紹介しよう。このコース途上に見る鐘掛岩からのすばらしい眺めは圧巻といえる。

コース 前日に下市口駅よりバスで❶洞川温泉バス停まで行き、旅館か民宿に泊まる。

翌朝、洞川の町並みをはずれ、右に稲村ヶ岳への道標を見送り、川瀬谷に架かる❷大峯大橋（清浄大橋）に出る。橋を渡って山道に取り付く。毛又谷を左に見ながら登って行くと、五合目にあたる一本松茶屋に着く。そこから30分ほどで役行者の「お助け水」があり、吉野道が合流する❸洞

辻茶屋に出る。古い石標が「右吉野百八十丁、左洞川八十丁」と示している。陀羅尼助茶屋を抜けると、わらじ替場があり表行場が始まる。急な登りに差し掛かると油こぼし、続いて鐘掛岩になり、鉄のクサリが下がっている。道は右側に通じている。岩上には展望台が設けられていてすばらしい大観が開ける。わずか先にお亀石があり、坂を登って等覚門をくぐると捨身行で知られる西ノ覗岩に出る。展望を味わったら、浄心門からは林立する供養塔を見て、宿坊を過ぎれば大峰山寺本堂の前に出る。三角点標石の埋まる❹山上ヶ岳の山頂は、湧出岳と呼ばれ、お花畑の一角にある。

お花畑での景観を楽しんだら日本岩に立ち寄り、ハシゴ段の架かる尾根をレンゲ辻に下る。道筋には夏であればシコクフウロやミヤマクルマバナの花が散見される。小稲村の岩峰を巻き終えた鞍部が❺レンゲ辻で、女人結界門が立っている。辻を右に折れてレンゲ坂谷へと下る。沢沿いの道は足場の悪い露岩やザレ場、徒渉地点があるので注意したい。右から覗谷が合流するとまもなく林道終点に出る。後は林道を歩いて❷大峯大橋に出て、❶洞川温泉バス停から帰途につく。

▲レンゲ辻へは桟道やハシゴ段が続く

▲女人結界門が立つレンゲ辻

女人大峯とも呼ばれる大峰山脈支稜の名峰

稲村ヶ岳
（いなむらがたけ）

大峯大橋駐車場 → レンゲ辻 → 稲村ヶ岳 → 法力峠 → 母公堂 → 大峯大橋駐車場

標高 **1726** m

奈良県
前夜泊・日帰り

| 総歩行時間 | **7時間10分** | 総歩行距離 | **13.3 km** | 累積標高差 | 登り 1190 m
下り 1190 m | 登山レベル | **中級向** | 体力 ★★★☆
技術 ★★☆☆ |

▲観音峰から望む稲村ヶ岳の雄大な山容

公共交通機関

●バスは便数が少なく、林道歩きも長くなるので、ここではマイカー登山を紹介。バス利用は山上ヶ岳（P84）を参照。洞川温泉街で前泊するのもよい。

マイカー

●京奈和自動車道御所南ICから国道309号、県道21号経由で約42km。大峯大橋（清浄大橋）前に有料駐車場あり。

ヒント

●稲村ヶ岳山荘は予約のある土日祝を中心に営業。利用の際は必ず予約しよう。

問合せ

天川村地域政策課 ☎0747-63-0321
洞川温泉観光協会 ☎0747-64-0333
稲村ヶ岳山荘 ☎0747-64-0138
洞川温泉センター ☎0747-64-0800

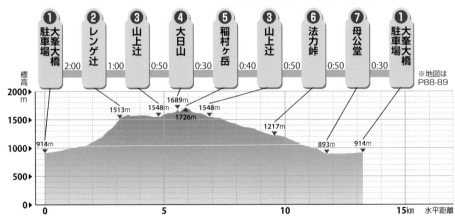

❶ 大峯大橋駐車場 ─ 2:00 ─ ❷ レンゲ辻 ─ 1:00 ─ ❸ 山上辻 ─ 0:50 ─ ❹ 大日山 ─ 0:30 ─ ❺ 稲村ヶ岳 ─ 0:40 ─ ❸ 山上辻 ─ 0:50 ─ ❻ 法力峠 ─ 0:50 ─ ❼ 母公堂 ─ 0:30 ─ ❶ 大峯大橋駐車場

※地図は
P88-89

標高
2000m
1500
1000
500
0

914m　1513m　1548m　1689m　1726m　1548m　1217m　893m　914m

0　　　5　　　10　　　15km　水平距離

欄外情報 洞川温泉センターは手軽な立ち寄り湯。水曜・年末年始休。おみやげには「ごろごろ水」を汲むもよし、洞川の名水とうふやフルーティな香りの清酒「大峰山」もおすすめ。

▲稲村ヶ岳山頂のウッドデッキからは360度の眺望が広がる。山頂の少し北の岩上からは大日山も見える

緑豊かな渓谷をたどればレンゲ辻
険阻な大日山を経て大展望の絶頂へ

概要 西側から見た山容が稲叢に似ていることが名の由来。大峰山脈の支脈ながら1700mを超える標高を誇る。東に鎮座する山上ヶ岳は今も女人禁制だが、稲村ヶ岳は昭和35年（1960）に女性にも開放され「女人大峯」とも呼ばれる。積雪期は本格的な装備が必須となる。

コース ❶大峯大橋駐車場にマイカーを停め、女人結界の朱塗りの橋を左に過ごし、林道を奥に進む。林道終点から木製階段を行き山道に入る。沢沿いの道は初夏にはヤマアジサイが美しい。トチの大木が目立つ沢筋をひたすら登ると、やがて、右岸を高く巻くようになり、ブナやカエデの美林の急坂を詰めると、女人結界の❷レンゲ辻に出る。

進路を右にとり、気持ちのいいトラバース道を進めば❸山上辻に着く。稲村ヶ岳山荘には立派なトイレもある。明るい尾根をたどり大日のキレットに出る。大日山の尖峰が眼前に迫る。女人行場の祠がある❹大日山へは、ハシゴやクサリが

▲木立に囲まれた稲村ヶ岳山荘

連続する急な1本道だが、足元に注意してぜひ往復したい。

元の登山道に戻り先を急ぐ。ロープが張られた急斜面は、深雪の時期にはたいへんな難所となる。シャクナゲが茂る稜線に出て右から回り込むように登れば❺稲村ヶ岳。山頂は広いウッドデッキになっており、360度の眺めが得られる。

十分休息したら、元の道を戻って❸山上辻へ。左へと道をとり、桟橋をいくつも渡りながら下山しよう。狼尾に続き、白倉山を巻き始めると、左手に象の鼻のような形のマンモスの木がありおもしろい。

▲大日山へはハシゴやロープ場の連続

❻法力峠からは五代松新道をひたすら下り、五代松鍾乳洞への分岐を右にとれば❼母公堂に着く。後は車道をたどり❶大峯大橋駐車場で車を回収する。帰りに洞川温泉センターで汗を流すのもいいだろう。

▲前日宿泊でみたらい渓谷散策もおすすめ

岩屋山
133

•フォレスト・イン洞川キャンプ場

エコミュージアムセンター
カリガネ橋
村立資料館
山上ヶ岳歴史博物館
龍泉寺卍
面不動鍾乳洞

コウモリ窟
「名水百選」
ごろごろ水
（有料）

（有料）
P wc

五代松新道
0:50   1:00

稲村登山口

洞川温泉案内所
洞川温泉バス停❶ wc

洞川温泉郷には
旅館が立ち並び、
泊まりがけの
山行がおすすめ

母公堂❼

五代松鍾乳洞

P 洞川温泉センター

分岐
（道標あり）

0:50

植林の単調な道

三ツ塚 •1380

アスナロ群落

▲洞川温泉センター

奈良県
天川村

観音峰橋

観音峰
1348 ▲

虹峠

観音峰展望台
1285

ススキの原

下市口駅
御所南IC
天川川合

観音峰登山口

P 休憩所
虹トンネル

観音平

休憩所あり

天川村役場

弁天橋
309

N

関電吊橋

吊橋

1:30,000
0   250   500m
1cm＝300m
等高線は10mごと

P wc
みたらい橋
吊橋
P
トンネル

大天井ヶ岳 1439

吉野山

川上村

五番関 1211
小天井ヶ岳

山上ヶ岳方面
女人結界
五番関トンネル
五番関登山口
鍋カツギ行者

洞辻茶屋

今宿跡 1448

一本松茶屋

富士間平
毛又大橋
近畿自然歩道 950
毛又谷

有料

大橋茶屋

大峯大橋駐車場
① 大峯大橋 (清浄大橋) ②
山上ヶ岳方面
女人結界
1000
林道終点
ヤマアジサイ ✿

ヤマアジサイ ✿

1.30
水
お助け水

遭難碑
林憩所

③ 洞辻茶屋

吉野山へと続く
稜線と金剛・葛城山
が一望できる

1.00
陀羅尼助茶屋
油こぼし
鐘掛岩

0:30
ヤマアジサイ ✿

⑥ 法力峠 (標識あり)

ドアミ

白倉山

桟橋が多い
ハシゴ

横谷
2:00
1150
1150
1200
1250

1.45
朝谷
1300 1350
1400

清流沿いに下っていく。
ところどころ谷を渡る。
要所に道標あり

1648
鷹ノ巣岩
西ノ覗岩
1450 1500
1550
1600
1650

お亀石
山上には5軒の
宿坊がある

宿坊 東ノ覗岩
卍 大峰山寺
1719
④ 山上ヶ岳

山上ヶ岳

地蔵岳 1685

マンモスの木
0:50
水

徒渉

日本岩
ハシゴ段
お花畑
0:30

1.00

山上辻 ③

稲村ヶ岳山荘

⑤→③

0:50
0:40

原生林の美しい
トラバース道

⑤ レンゲ辻 ②
山上ヶ岳方面
女人結界
小稲村の岩峰

大日山 ④ 1689
ハシゴ、クサリ
大日のキレット

稲村ヶ岳
0:30
1726
✿ シャクナゲ
⑤ 稲村ヶ岳

ウッドデッキのある山頂
360度の絶景

適期…4月下～10月下　日本百名山・花・大展望

世界遺産大峯奥駈道にそびえる関西最高峰

八経ヶ岳
（はっきょうがたけ）

行者還トンネル西口→聖宝ノ宿跡→八経ヶ岳→聖宝ノ宿跡→行者還トンネル西口

標高 **1915m**

奈良県
日帰り

総歩行時間	6時間15分	総歩行距離	9.6km	累積標高差	登り1113m 下り1113m	登山レベル	中級向	体力 ★★★☆ 技術 ★★☆☆

▲弥山の山頂直下から見た八経ヶ岳

公共交通機関

●往復：近鉄吉野線下市口駅▶奈良交通バス約55分・1130円▶天川川合▶タクシー約30分・約6000円▶行者還トンネル西口

マイカー

●京奈和自動車道御所南ICから国道309号経由で約48km。行者還トンネル西口に有料駐車場あり。

ヒント

●オオヤマレンゲが咲くのは、例年7月上旬（7～9日）

頃から下旬。開花状況はその年によって多少異なる。事前に弥山小屋へ確認してから出かけるのが確実。

問合せ

天川村地域政策課 ☎0747-63-0321
奈良交通サービスセンター ☎0742-20-3100
天川タクシー ☎0747-63-0015
弥山小屋 ☎090-2223-1332

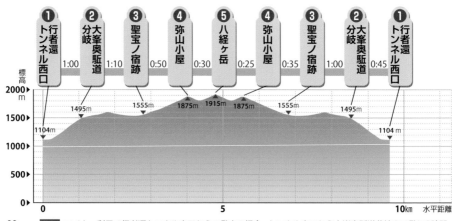

① 行者還トンネル西口　1:00　② 大峯奥駈道分岐　1:10　③ 聖宝ノ宿跡　0:50　④ 弥山小屋　0:30　⑤ 八経ヶ岳　0:25　④ 弥山小屋　0:35　③ 聖宝ノ宿跡　1:00　② 大峯奥駈道分岐　0:45　① 行者還トンネル西口

標高
2000m
1495m　1555m　1875m　1915m　1875m　1555m　1495m
1500m
1104m
1000m
500m
0m
0　5　10km　水平距離

欄外情報　マイカー利用で行者還トンネル東口からの登山の場合、トンネル東口から大峯奥駈道分岐まで登り2時間、下り1時間。駐車スペースは少ない。

伝説の天女花オオヤマレンゲ自生地を行者還トンネルから最短距離で訪ねる

概要 「極東の神秘」として世界に知られる世界遺産・大峯奥駈道。なかでも、その中核を成す弥山・八経ヶ岳は千古不斧といわれるトウヒの原生林、極東の名花と称されるオオヤマレンゲの群落をはじめ、行者還から弁天ノ森に至るシロヤシオ古木の群生は名山にふさわしい景観を見せる。

コース ❶行者還トンネル西口の駐車場の向かいが登山口。登山届を提出し、小坪谷右俣に架かる橋の手前から登山道に入ろう。枝沢の木橋を渡れば、いきなり急登が始まる。大峰名物の歩きにくい露岩混じりの木の根道だが、季節が初夏ならシロヤシオやシャクナゲの古木が美しい花を咲かせ、なぐさめてくれるだろう。林床にミヤコザサが現れると❷大峯奥駈道分岐に着く。

大普賢岳や行者還岳を木の間に眺め、ひと息入れたら小さな起伏の尾根から苔むす弁天ノ森へいく。さらに尾根はイタヤカエデやブナの林を緩やかにアップダウンし、八経ヶ岳、弥山を仰ぎ見る

台地を経て❸聖宝ノ宿跡・理源大師銅像前へ出る。ここから聖宝八丁の階段まじりの急坂になるが「行者泣かせ」といわれたかつての厳しさはない。

大台ヶ原方面を眺める尾根上へ出れば、ほどなく❹弥山小屋に登り着く。小屋前の広場にあるベンチでひと息入れたら、大町桂月の歌碑の横に立つ鳥居をくぐり、弥山山頂に立ち寄ってから八経ヶ岳を往復しよう。

小屋の南側から鞍部へ下ると頂仙岳遥拝所を右にしてオオヤマレンゲの群生地に入る。フェンスの扉をくぐり抜けると、花期なら上品な花の香りが漂ってくるだろう。そこここに咲く花のなかを通り抜け、左に奥剣又谷を覗く露岩を踏み登れば、錫杖のレプリカが立つ❺八経ヶ岳の頂に立つ。天候に恵まれれば、北は山上ヶ岳から南は釈迦ヶ岳まで、大峯奥駈道の山々や台高山脈が一望のもとである。

大展望に満足したら来た道を忠実に❶行者還トンネル西口へ戻るとしよう。途中の露岩帯は、十分に注意して下りたい。

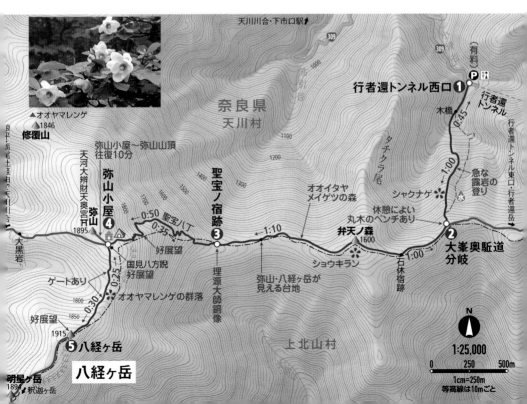

▲オオヤマレンゲ

1:25,000

0　250　500m
1cm=250m
等高線は10mごと

関西 [大峰・台高]

適期…4月下～10月下

日本二百名山・花・大展望

山頂に釈迦如来像が立つ大峰南部の秀峰

釈迦ヶ岳
しゃかがたけ

太尾登山口 → 釈迦ヶ岳 → 大日岳 → 千丈平 → 太尾登山口

標高 1800 m
奈良県
日帰り

総歩行時間	6時間45分	総歩行距離	11.0 km	累積標高差	登り 1021m／下り 1021m	登山レベル	中級向	体力 ★★★☆／技術 ★★★☆

▲古田ノ森付近から釈迦ヶ岳を見る

公共交通機関

●マイカー登山向き。バス利用の場合は、近鉄吉野線大和上市駅からR169ゆうゆうバス（2町3村の連携コミュニティバス）を利用して釈迦ヶ岳東側の前鬼口にアクセスし、1泊または2泊で登山可能。

マイカー

●京奈和自動車道五條ICから国道310号・168号経由で南下し旭口を右折、道を180度旋回し西へ、旭ダムを過ぎ、林道不動木屋線を進み稜線まで約60km。駐車適地は公衆トイレのある付近で、登山口は目の前の切通し。

ヒント

●古くからのルートである、前鬼口～不動七重ノ滝展望所～前鬼宿坊（小仲坊）～太古ノ辻からのアプローチは、標高差がある本格的な登山が魅力。バス利用の場合、日帰りは不可能。

問合せ

十津川村産業課 ☎ 0746-62-0004

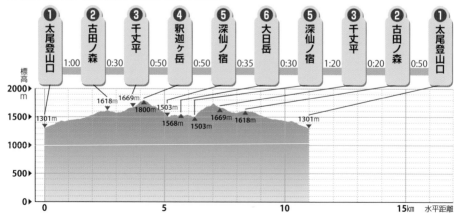

❶太尾登山口		❷古田ノ森		❸千丈平		❹釈迦ヶ岳		❺深仙ノ宿		❻大日岳		❺深仙ノ宿		❸千丈平		❷古田ノ森		❶太尾登山口
	1:00		0:30		0:50		0:50		0:35		0:30		1:20		0:20		0:50	

標高 m
2000m
1500m
1000m
500m
0m

1301m　1618m　1669m　1800m　1503m　1669m　1618m　1301m
1568m　1503m

0　　　　5　　　　10　　　　15km　水平距離

欄外情報 太尾登山口に至る林道旭線・不動木屋線は冬期（12月下旬～3月中旬頃）通行止めとなる。落石などによる通行止めも多いので、道路状況はしっかり確認しておきたい。

眺めてよし、登ってよしの名峰
5月はアケボノツツジが山を彩る

概要 かつては前鬼から長く厳しい登りを強い<ruby>前鬼<rt>ぜんき</rt></ruby>られた釈迦ヶ岳だが、今は西側の林道が発達し、太尾登山口からさしたる苦労もなく登頂できる。5月中〜下旬に咲くアケボノツツジやシロヤシオ、山頂から眺める<ruby>五百羅漢<rt>ごひゃくらかん</rt></ruby>の岩峰群、千丈平のシカなど魅力満載だ。

コース ❶<ruby>太尾登山口<rt>おおとざんぐち</rt></ruby>からの尾根道は、背の高いササ越しにシロヤシオやシャクナゲの花を眺めながら登る。ほどなく、開けたなだらかな稜線となり、ブナやカエデの疎林が美しい。旧道の<ruby>不動木屋谷登山口<rt>ふどうごやたに</rt></ruby>への分岐を過ぎると、やがて右手前方に大日岳の美しい三角形の穂先が現れる。歩きやすい道で緩やかなアップダウンをしのげば、いよいよ前方にこんもり丸い釈迦ヶ岳のピークが望め、登行欲がくすぐられる。

❷<ruby>古田ノ森<rt>ふるたのもり</rt></ruby>を過ぎ、バイケイソウ群落を進むと❸<ruby>千丈平<rt>せんじょうだいら</rt></ruby>に着く。整地されていて、幕営にも最適だ。先を2〜3分登った右手に、湧き水がある。甘露に寄せられたシカの姿を見かけることも多い。ここから先はシロヤシオの樹林帯の急坂となる。ひと汗かけば、<ruby>大峯奥駈道<rt>おおみねおくがけみち</rt></ruby>に合流する。❹<ruby>釈<rt>しゃ</rt></ruby>

▲釈迦ヶ岳では、めずらしい斑入りのシロヤシオが見られる

<ruby>迦ヶ岳<rt>かがたけ</rt></ruby>山頂は左へすぐだ。釈迦如来像が立つ山頂からの眺めは最高。北に近畿最高峰の八経ヶ岳、圧倒的スケールを誇る<ruby>七面山<rt>しちめんざん</rt></ruby>南壁をはじめ、五百羅漢と呼ばれる無数の尖った岩峰群、東に大台ヶ原、南に大日岳斜面を鮮やかに彩るアケボノツツジ群落と、南奥駈の山並みが続く。

時間に余裕があれば、❺<ruby>深仙ノ宿<rt>じんせんのしゅく</rt></ruby>を経由し、❻<ruby>大日岳<rt>だいにちだけ</rt></ruby>の尖峰を往復しよう。ただし、鉄クサリは老朽化してたいへん危険なので、必ず巻き道を使うようにしたい。

復路は、来た道を忠実にたどるのが賢明だが、深仙ノ宿の参籠所の裏手から続く巻き道を拾い、千丈平に出るルートもある。

適期…通年(盛夏を除く) 花・大展望・立ち寄り湯

天然杉の森に囲まれた「熊野三山の奥宮」がある名山

玉置山
（たまきやま）

龍神神社 → 登山口 → 花折塚 → 玉置山 → 折立分岐 → 龍神神社

標高 **1077m**

奈良県
日帰り

総歩行時間	**5時間55分**	総歩行距離	**12.0km**	累積標高差	登り **1217m** 下り **1217m**	登山レベル	**初級向**	体力 ★★☆☆ 技術 ★☆☆☆

▲玉置山展望台からの眺望。卯月山が望まれる

公共交通機関

●五条駅からの奈良交通バスは便数が少なく長時間乗車となり、日帰りもできないのでマイカー登山向き。

マイカー

●京奈和自動車道五條ICから国道165号・24号・168号経由で南下し、折立橋手前で左折、龍神神社駐車場まで約70km。

ヒント

●気持ちよく登れるのは10月下旬から翌年5月上旬までで、夏期は快適な登山は望めない。

問合せ

十津川村観光協会 ☎ 0746-63-0200
玉置神社 ☎ 0746-64-0500
三光タクシー（十津川村）☎ 0746-64-1234

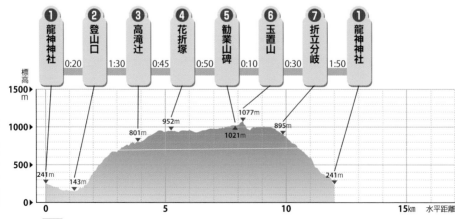

① 龍神神社　0:20
② 登山口　1:30
③ 高滝辻　0:45
④ 花折塚　0:50
⑤ 勧業山碑　0:10
⑥ 玉置山　0:30
⑦ 折立分岐　1:50
① 龍神神社

標高
1500m
1000m
500m
0m

241m　143m　801m　952m　1021m　1077m　895m　241m

0　5　10　15km　水平距離

欄外情報　玉置神社は大峯奥駈道の起着点。これまでは奥駈縦走者に限り、事前予約することで宿泊も可能だったが、2023年2月現在改築中で完成まで6～7年かかる見込み。それ以降は同条件で宿泊ができる（予定）。

神域にそびえる樹齢数千年の神代杉
太平洋を望む山頂にはシャクナゲの群落

概要 崇神天皇の時代に創建されたと伝えられる玉置神社を擁する玉置山は、熊野古道・大峯南奥駈道の起点、あるいは終点として、古くから山伏や登山者に親しまれている。晴れた日には山頂から太平洋が望め、熊野灘を行き交う船さえ眺められるという、展望にも恵まれた山である。

コース 折立の❶龍神神社から❷登山口となる南都銀行横の細道まで戻り、今では住む人も減った集落最奥の家屋までゆく。道は中谷ノ滝の下を通って左に祠を見送り、ジグザグの階段登りとなって露岩の尾根へ出る。木の間から二津野ダム湖と十津川の流れを眺めたら再び樹林の道をゆく。途中、道標が現れる分岐は、左右どちらを選んでも卯月山西尾根乗越で合する。ここからは卯月山山腹を緩やかに斜上する歩きやすい道。途中、沢を2本横切る。必要なら水を補給しておこう。

❸高滝辻の先でフェンスを2回くぐり、玉置山参道分岐で左の尾根道へ入る。心地よい自然林の

▲玉置山登山口を見下ろす

道が大谷林道に合したら左へ進み、右の奥駈道から❹花折塚を往復しよう。花折塚からは展望台を経て「かつえ坂お立台」まで行き、水平道を❺勧業山碑の十字路までゆく。ここから宝冠ノ森を往復することもできるが、右上の道を❻玉置山山頂へゆこう。季節が春なら、好展望の山頂一面にシャクナゲが咲き、迎えてくれるだろう。

山頂からは杉古木の森を下り、玉置神社へゆく。本殿に参拝したら、重厚な神域を離れ、駐車場へ向かう。駐車場の奥から林道を横断、鉄梯子のある❼折立分岐で右下への道を選ぶ。近畿自然歩道ながら、あまり手入れされていない道を下っていく。玉置山登山口で林道に合したら、右へ数分も下れば、行きに出発した❶龍神神社前の駐車場に帰り着く。

「近畿の屋根」と称され、絶景が展開する山上の楽園

日出ヶ岳（大台ヶ原）
ひでがたけ　　　　　おおだいがはら

標高 **1695m**

奈良県・三重県
日帰り

大台ヶ原駐車場 → 日出ヶ岳 → 正木ヶ原 → 大蛇嵓 → 大台ヶ原駐車場

総歩行時間	総歩行距離	累積標高差	登山レベル	
3時間45分	**7.4km**	登り 484m / 下り 484m	**入門向**	体力 ★☆☆☆ / 技術 ★☆☆☆

▲立ち枯れは少なくなったが、いまも独特の景観を見せる

公共交通機関
●往復：近鉄大阪線大和八木駅▶奈良交通バス約3時間・2700円▶大台ヶ原　※バスは4月下旬〜11月下旬運行。

マイカー
●西名阪自動車道郡山ICから国道24号・169号、大台ヶ原ドライブウェイ経由で約85km。大台ヶ原駐車場（150台、無料）へ。ドライブウェイは冬期通行止め。

ヒント
●大台ヶ原行きのバスは近鉄橿原神宮駅前にも立ち寄

る。天候が不順になった場合や、幼児連れの時は、尾鷲辻でショートカットして中道を駐車場に戻るほうが安全（尾鷲辻から35分）。

問合せ
上北山村地域振興課 ☎07468-2-0001
大台ヶ原ビジターセンター ☎07468-3-0312
奈良交通サービスセンター ☎0742-20-3100
奈良近鉄タクシー（吉野配車センター）☎0746-32-2961

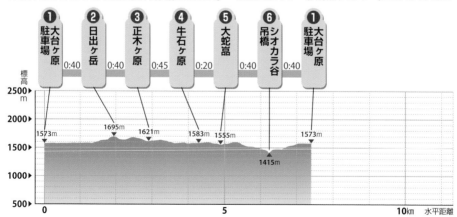

❶ 大台ヶ原駐車場		❷ 日出ヶ岳		❸ 正木ヶ原		❹ 牛石ヶ原		❺ 大蛇嵓		❻ シオカラ谷吊橋		❶ 大台ヶ原駐車場
	0:40		0:40		0:45		0:20		0:40		0:40	

標高 1573m / 1695m / 1621m / 1583m / 1555m / 1415m / 1573m

標高(m): 2500 / 2000 / 1500 / 1000 / 500

水平距離: 0 / 5 / 10km

欄外情報 大台ヶ原西側の西大台ヶ原は日本で初めて環境省の利用調整区域に指定されたエリア。入山するには事前申請（3ヵ月前から。手数料1000円）が必要で、申請は上北山商工会（☎07468-3-0070）まで。

熊野灘や大峰山脈のパノラマ展望を
初心者でも気軽に楽しめる周遊コース

概要 大台ヶ原は標高1695mの日出ヶ岳を要として、西から南へ扇状に広がる隆起準平原。面積2000haに及ぶ高原にはファミリー向けの東・西大台の周遊コースがある。ここでは日出ヶ岳の山頂に立ち、豪快な眺めが満喫できる東大台コースを紹介しよう。

コース ❶大台ヶ原駐車場から東大台をめぐるコースは、ビジターセンターの前から左へ入る。散策路はすぐに二分するが左を選ぶ。林間の道を伝い、左からの小沢を2つ過ぎれば右手にシオカラ谷の流れが上がってきて、石の階段道を登れば、展望デッキがある鞍部に出る。左へ階段を10分ほど急登すれば❷日出ヶ岳山頂に立つ。展望台に登ると東に熊野灘、西に大峰山脈のダイナミックな眺望が楽しめる。

もとの鞍部へと戻り、「空中回廊」「能舞台」と称される木道を正木嶺へ上がる。自然淘汰が進むトウヒの立ち枯れ風景を見てしばらく行くと、倒木とミヤコザサの絨毯が美しい❸正木ヶ原に出る。樹林の景観を味わい、緩やかに下ってあずま屋の立つ尾鷲辻に出ると、駐車場からの中道が合流する。真っ直ぐ行けばまもなく❹牛石ヶ原が開ける。神武天皇の銅像や魔物を封じ込めたという伝説の牛石や御手洗池があり、日出ヶ岳の山頂が樹林の奥に顔を覗かせている。ひと息ついたら、コース最大のみどころ大蛇嵓へ。分岐を左に折れ、細長く突き出た岩稜を伝うが、足運びには注意したい。陽春にはシャクナゲとアケボノツツジが沿道を飾る。クサリで囲まれた❺大蛇嵓の岩頭に立つと眼下は目もくらむほどの大絶壁で、東ノ川渓谷を隔てて竜口尾根の奥に大峰山脈が居並び、西大台方面には中ノ滝と西ノ滝の長滝が白く光る。

絶景を堪能したら分岐に戻り、左へシャクナゲの茂る坂道を下って❻シオカラ谷吊橋に出る。ナメ滝の走る清流はすぐ下で東ノ滝となって懸崖を落下している。吊橋を渡って階段道を登り返せば広い道に出て、あとは平坦路を左へと歩き❶大台ヶ原駐車場へ。

上級
中級
初級
入門

国道169号・大和八木駅

ナゴヤ岳

川上辻

巴岳

大台ヶ原ドライブウェイ

大杉谷

▲スリルある大蛇嵓

西大台

苔探勝路

トウヒ
1600

大台ヶ原の最高峰
大峰山脈の
ダイナミックな展望

❷日出ヶ岳
1695

シャクナゲ群落

展望デッキ

名瀑百選
千石嵓

大台ヶ原
駐車場

大台教会

P

オオイタヤメイゲツ（カエデ）

日出ヶ岳

大台ヶ原

登心湯治館大台ヶ原
大台ヶ原
ビジターセンター

0:40

石段の登り急

正木嶺（正木峠）
トウヒの立ち枯れ

シオカラ谷吊橋 ❻

中道

0:40

0:40

エスケープルート

❸正木ヶ原

三重県
大台町

蒸篭嵓

シャクナゲ

1500

0:40

大蛇嵓分岐

東大台

1641

ブナ、トウヒ
1600

尾鷲辻

0:45

奈良県
上北山村

シャクナゲ
アケボノツツジ
ブナ

1550

0:20

❹牛石ヶ原

N

1:25,000

0   250   500m

大蛇嵓 ❺
1579

大台ヶ原随一の絶景

神武天皇の銅像や
牛石、御手洗池がある

尾鷲道

堂倉山

1cm=250m
等高線は10mごと

40

霧氷の花咲く「関西のマッターホルン」

高見山
（たかみやま）

高見登山口→平野分岐→高見山→平野分岐→高見杉→下平野

標高 **1248m**

奈良県・三重県
日帰り

総歩行時間	4時間	総歩行距離	7.2km	累積標高差	登り 855m 下り 851m

登山レベル	初級向	体力 ★★☆☆ 技術 ★★☆☆

公共交通機関
●行き：近鉄大阪線榛原駅▶奈良交通バス・東吉野村バス「ふるさと号」約1時間5分・720～870円（途中乗り換え）▶高見登山口　●帰り：下平野▶ふるさと号・奈良交通バス約45分・720～870円（途中乗り換え）

マイカー
●名阪国道針ICから国道369号・166号経由で周辺の駐車場まで約40km。高見登山口付近の道路脇か、たかすみ温泉の駐車場を利用し山頂まで往復。

ヒント
●バスは平日がひよしのさとマルシェ、土曜・休日は菟田野で乗り換える。2月上旬～下旬の土曜・休日には榛原駅から奈良交通の臨時直通バス「霧氷バス」が運行する。

問合せ
東吉野村地域振興課（ふるさと号も）
☎0746-42-0441
奈良交通サービスセンター
☎0742-20-3100
たかすみ温泉 ☎0746-44-0777

◀笛吹岩からは南側に絶景が広がる

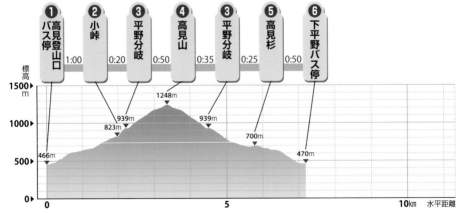

① 高見登山口バス停　1:00　② 小峠　0:20　③ 平野分岐　0:50　④ 高見山　0:35　⑤ 平野分岐　0:25　⑥ 高見杉　0:50　⑥ 下平野バス停

標高 m
1500m — 466m
1248m
939m
823m
939m
700m
1000m
500m
470m
0
0　5　10km　水平距離

欄外情報　下山後はたかすみ温泉で疲れを癒やそう。弱アルカリ性ナトリウム・塩化物泉。11～21時、木曜休（祝日の場合は翌日休）、500円。たかすみ温泉の駐車場は営業時間外は閉鎖。

▲厳冬期には霧氷の花が咲く

奈良・三重県境にそびえる秀峰
ブナ林を包む美しい霧氷は冬の風物詩

概　要 台高山脈の北端に位置する高見山は、「関西のマッターホルン」の愛称にふさわしい三角錐の鋭峰だ。厳冬期にブナ林を包む霧氷の美しさは有名。霧氷の季節にはハイカーで混雑し、踏み固められた登山道がアイスバーン化するので、軽アイゼンの装着は必須。

コース ❶高見登山口バス停から数十m戻った右手、民家の横から登山道に入る。植林の登りはやがて緩やかになる。ここは旧伊勢街道の一部で、古市跡を通る。

台高山脈の山並みを眺めながら歩けば傾斜は徐々に強まり、石畳の道から❷小峠に至る。林道を渡り、鳥居をくぐって厳しい急坂に挑む。右側が自然林となり心が癒やされる。

❸平野分岐を右へさらに尾根を登り続ける。いつしか周囲は自然林だけになる。国見岩、息子岩、揺岩など大きな岩には、名前と伝説を紹介する看板があり興味深い。

稜線の傾斜が緩むころ、南側に絶景が広がる笛吹岩に着く。高見山の開祖聖人が月夜にこの岩の上で笛を吹くと、左右の谷から雌雄の大蛇が駆け上がり、音色に聞き入ったという。

やがてヤセ尾根となり、北側の曽爾方面の雄大な眺めとブナ林の霧氷を楽しみながら、❹高見山山頂に着く。シーズンは大混雑し、避難小屋、展望台、祠の裏側と、平坦な場所はすべて人で埋まる。祠の裏側からの三峰山方面の眺めは、すばらしいの一語に尽きる。

下山は、元の道を、道標のある❸平野分岐まで戻る。植林の中をどんどん下ると、樹齢700年といわれる巨木、❺高見杉に着く。登山道は沢筋から、やがて尾根に出るが、右を振り返ると木の枝越しに高見山のピークが見え隠れする。小橋を渡り、民家の裏に出る。朱塗りの橋を渡り、突き当たりの車道のすぐ左が❻下平野バス停だ。

40
高見山

上級
中級
初級
入門

▲高見山山頂の祠

▲高見杉

高見山

1:25,000
0　250　500m
1cm=250m
等高線は10mごと

奈良県
東吉野村

三重県
松阪市

冬の霧氷、初夏のシロヤシオ、初秋のヤマハハコで人気の山

三峰山
（みうねやま）

標高 **1235**m
奈良県・三重県
日帰り

みつえ青少年旅行村 → 不動滝 → 避難小屋 → 三峰山 → 休憩小屋 → みつえ青少年旅行村

総歩行時間	**3**時間**25**分	総歩行距離	**7.9** km	累積標高差	登り **757**m 下り **757**m	登山レベル	**初級向**	体力 ★★☆☆ 技術 ★★☆☆

▲三峰山山頂近くの八丁平からの雄大な眺め

公共交通機関
●往復：近鉄大阪線榛原駅▶奈良交通バス霧氷バス約1時間10分・往復2760円▶みつえ青少年旅行村 ※霧氷バスは1月下旬～2月中旬の土日祝に運行（要予約）。

マイカー
●名阪国道針ICから国道369号経由で約35km。みつえ青少年旅行村に無料駐車場あり。

ヒント
●道の駅伊勢本街道御杖には、みつえ温泉姫石の湯と街道市場みつえが併設されている。三峰山霧氷まつりの期間中、みつえ温泉姫石の湯では、入浴料割引などの霧氷バス乗車特典がある。

問　合　せ
御杖村むらづくり振興課 ☎ 0745-95-2001
奈良交通総合予約センター ☎ 0742-22-5110
みつえ温泉姫石の湯 ☎ 0745-95-2641
美榛苑 ☎ 0745-82-1126

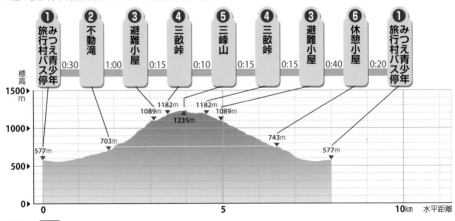

❶ みつえ青少年旅行村バス停	❷ 不動滝	❸ 避難小屋	❹ 三畝峠（みせ）	❺ 三峰山	❹ 三畝峠	❸ 避難小屋	❻ 休憩小屋	❶ みつえ青少年旅行村バス停
	0:30	1:00	0:15	0:10	0:15	0:15	0:40	0:20

標高
1500m
1000
500
0

577m　703m　1089m　1182m　1182m　1235m　1089m　743m　577m
0　　　　　　5　　　　　　10km　水平距離

欄外情報 榛原駅の近くにある美榛苑でも天然温泉が楽しめる。10～20時、無休、550円。

ブナ・ヒメシャラ林の美しい霧氷と
春はツツジがおすすめの稜線散歩の山

概要 三峰山は高見山（P98）と並び、霧氷を楽しめる山として人気がある。春のシロヤシオや秋の紅葉も魅力だが、臨時バスが運行される冬期がベスト。最近は八丁平の西端に大群落をつくるホソバヤマハハコ（9月上旬）が人気だ。なお、冬期はアイゼン必携となる。

コース ❶みつえ青少年旅行村バス停から道を少し戻り、橋を渡って大タイ林道を❷不動滝に向かう。冬の白く凍った滝は見ごたえがある。滝の前の赤い小橋を渡ると山道となり、植林の中を九十九折に登る。稜線に出ると❸避難小屋が見えてくる。休憩するのにいいところだ。❹三畝峠で稜線の縦走路に出る。条件が揃えば、ブナ、カエデ、リョウブなどの雑木林は冬は霧氷のトンネルと化し、実に美しい。ほどなく、❺三峰山山頂に到着する。一等三角点のある山頂は北側が開け、

曽爾高原や大洞山が見える。木曽御嶽山が見えるというポイントもあるので、天気の良い日には目を凝らしてみよう。

南側の斜面を下ると八丁平に出る。広々として気持ちのいい場所からは、台高山脈が目の前だ。広い八丁平を西端まで回り込むと、めずらしいホソバヤマハハコが斜面一帯に大群落をつくっている。花期にはぜひ訪れたい。❹三畝峠へは、尾根を巻くようにして戻る。途中に三角形の高見山が望める場所がある。

❸避難小屋に戻り、分岐で登り尾コースに入る。400mほど下ると、切り開かれた尾根に、「三畝山林展望台」と表札のついた小屋が立っている。木製階段を下りると舗装道となり、❻休憩小屋のトイレが使える。

再び山道に入って急坂を下り、木橋を渡って大タイ林道に合流する。往路を戻り、❶みつえ青少年旅行村バス停に至る。

41

三峰山

上級

中級

初級

入門

▲初夏に咲くシロヤシオ

▲八丁平のヤマハハコ

▲夏の三峰山山頂

みつえ青少年旅行村バス停

三峰登山口バス停
道標・登山届箱あり
バスは冬期のみ
三峰山登山口

0:20

0:30

登り尾コース分岐

・718

△788.6

休憩小屋❻

左の林道をとらず右奥の山道に入る

・818

三畝山林展望台小屋

・764

・826

奈良県
御杖村

川を渡ると一気に急登する

❷不動滝
冬は氷瀑

・818

・959

津市

0:40

・858

九十九折の登りが続く

1:00

❸避難小屋
山頂からは北側に大展望が広がる

0:15

三峰山

0:15

N

1:25,000

250　500m

1cm=250m
等高線は10mごと

1102

近畿自然歩道

1156

三畝峠❹

0:10

❺三峰山
1235

0:15

八丁平

シロヤシオ

ヤマハハコ群落

新道峠

三重県
松阪市

東に切り立つ絶壁、西にはススキの草原を擁する曽爾山群の盟主

倶留尊山（曽爾高原）

（くろそやま）（そにこうげん）

標高 1037m

三重県・奈良県
日帰り

南出口→西浦峠→倶留尊山→亀山峠→曽爾高原入口→太良路

総歩行時間	3時間45分	総歩行距離	9.4km	累積標高差	登り 819m 下り 854m	登山レベル	初級向	体力 ★☆☆☆ 技術 ★★☆☆

▲銀色のススキの穂が陽光に照らされ白く輝く

公共交通機関

●行き：近鉄大阪線名張駅▶三重交通バス約50分・850円▶南出口 ●帰り：太良路▶三重交通バス約40分・770円▶名張駅

マイカー

●名阪国道針ICから国道369号を南下、掛で左折し県道81号に入り、太良路で右折し国立曽爾青少年自然の家の標識に従えばよい。針ICから曽爾高原入口まで約36km。お亀池手前の有料駐車場を利用。

ヒント

●バスは本数が少ないので前もって時刻の確認を。紅葉シーズンは青蓮寺川沿いの道路が渋滞するので、車の場合は時間に余裕を持って行くこと。

問合せ

曽爾村企画課 ☎0745-94-2106
津市美杉総合支所 ☎059-272-8080
三重交通バス伊賀営業所 ☎0595-66-3715

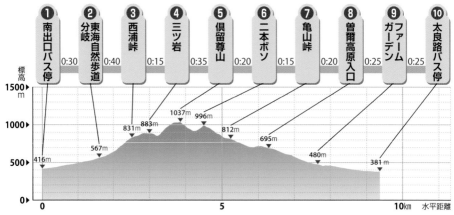

① 南出口バス停　0:30
② 分岐 東海自然歩道　0:40
③ 西浦峠　0:15
④ 三ツ岩　0:35
⑤ 倶留尊山　0:20
⑥ 二本ボソ　0:15
⑦ 亀山峠　0:20
⑧ 曽爾高原入口　0:25
⑨ ファームガーデン　0:25
⑩ 太良路バス停

標高 m
1500m
1037m
996m
1000m 883m 812m
831m
695m
567m 480m
500m 416m 381m
0m
0　5　10km　水平距離

欄外情報 曽爾高原温泉お亀の湯（☎0745-98-2615）は景勝抜群の露天風呂がすばらしい日帰り温泉。隣接するファームガーデンにはレストランや焼き立てパンの店も。地ビールの「曽爾高原ビール」も人気。

好展望の稜線をゆったりと歩き
ススキの大草原を擁するお亀池へ

概要 倶留尊山は、日本山岳会の「日本三百名山」の一つに数えられ、南北に延びる稜線は東に切り立つ絶壁、西には銀浪うねるススキの大草原を擁する室生火山群の盟主だ。秋、曽爾高原は多くの人が訪れるが、池ノ平方面からのコースをとると比較的静かな山歩きが楽しめる。

コース ①南出口バス停で下車し、国道を渡った先にある丸八商店の横を左に入る。たろっと三国屋前の分岐を右に取り、坂を上がっていくと②東海自然歩道分岐に出る。右の植林ぎわの道を選び、T字路で右のゲートがある林道へ入れば、左に西浦峠へ続く山道がある。植林の中、七曲りを登るとやがて③西浦峠に着く。北の飯垣戸からの道が合わさる。十字路を左へ登ると三ツ岩と倶留尊山の分岐。直進し、④三ツ岩からの絶景を眺めたら元の分岐へ。鞍部への下りにかかると、眼前に東面がすっぱりと切れ落ちた鋭い山容の倶留尊山が迫る。

アセビが群生する鞍部から急斜面を登ると、さらに眺望が広がる。雑木林の山稜を進むと⑤倶留尊山の頂に着く。西に曽爾の村落、屏風岩を連ね

▲夏の曽爾高原とお亀池

る住塚山、鎧岳や兜岳の特異な山容、南に局ヶ岳や三峰山、高見山までが遠望できる。そして眼下には池ノ平高原が広がっていて実に爽快だ。

帰路は南の亀山峠を目指す。露岩の点在するやせ尾根を一気に鞍部まで下り、滝川道を右に分けて、イヌツゲに覆われた斜面を登りきると、⑥二本ボソに着く。

好展望の頂を辞し、明るい尾根を下って行くと、亀山峠を経て古光山へ延びる山稜の右にお亀池と曽爾高原のススキの原が広がる。東海自然歩道が越える⑦亀山峠からお亀池へと高原散歩を楽しみ、⑧曽爾高原入口まで下る。あとは⑨ファームガーデンにあるお亀の湯へ立ち寄り、山の汗を流したら⑩太良路バス停へと向かう。

奈良県
曽爾村

三重県
津市

倶留尊山

太良路バス停⑩
久津間
太良路
卍極楽寺

名張市街
名張曽爾線

名張市街

高槻山
946

③西浦峠
七曲り
林道西浦線

東海自然歩道
分岐②

城山クライン
ガルテン

①南出口
バス停

紅葉岩

伊賀見
中村

倶留尊大権現

④三ツ岩
⑤倶留尊山
1037

アセビ
展望よい

たろっと三国屋
(宿・食事)

池ノ平高原

急な下り
入山ゲート
私有地につき
入山料500円

お亀の湯
ファームガーデン
バスは秋のみ
曽爾高原バスは秋のみ

国立曽爾青少年
自然の家

鞍部
⑥二本ボソ
展望よい

江後

東海自然歩道

⑨ファーム
ガーデン

ススキの原
お亀池
⑧曽爾高原
入口

849
亀山

展望よい
落日に映える
ススキは最高

⑦亀山峠

道の駅 伊勢本街道御杖

長尾峠

御杖村

古光山

長尾

掛

N
1:50,000
0   500   1000m
1cm=500m
等高線は20mごと

鋭鋒伊賀富士に連なるが、対照的にたおやかな峰

大洞山
（おおぼらやま）

標高 **1013m**
（雄岳）
三重県
日帰り

第1駐車場→雌岳→雄岳→倉骨峠→桔梗平→第1駐車場

総歩行時間	**4時間15分**	総歩行距離	**9.4km**	累積標高差	登り **817m**		登山レベル	**初級向**	体力 ★★☆☆☆
					下り **817m**				技術 ★☆☆☆☆

▲山麓の敷津から眺める大洞山はたおやかな山容

公共交通機関

●バスの便がたいへん少ないので、公共交通機関利用の登山には適さない。

マイカー

●名阪国道針ICから国道369号・368号経由で約45km。杉平から三多気への坂を上がり700mほどで第1駐車場（桜のシーズンは要協力金）。普通車はさらに進んだ三多気キャンプ場（閉鎖）にも駐車可能。

ヒント

●桜のシーズンは杉平バス停より西側の道から入る。大洞山へは階段の高度差300mの登り、雄岳から倉骨峠へは急坂の下りとなるので足を痛めないよう注意。

問合せ

津市観光協会 ☎059-246-9020
津市美杉総合支所 ☎059-272-8080
御杖村むらづくり振興課 ☎0745-95-2001

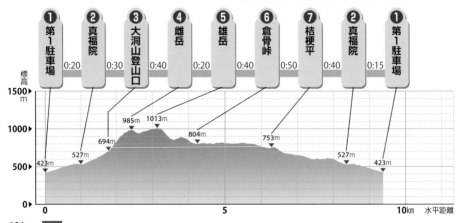

① 第1駐車場　0:20　② 真福院　0:30　③ 大洞山登山口　0:40　④ 雌岳　0:20　⑤ 雄岳　0:40　⑥ 倉骨峠　0:50　⑦ 桔梗平　0:40　② 真福院　0:15　① 第1駐車場

標高 m
1500m
1000m
500m
0m

423m　527m　694m　985m　1013m　804m　753m　527m　423m

0　　　　　　5　　　　　　10km　水平距離

欄外情報　道の駅伊勢本街道御杖に、みつえ温泉姫石の湯（☎0745-95-2641）がある。

「さくら名所100選」の桜の名勝から
雌岳・雄岳の2つの頂を越え周回

概要（そに）曽爾高原の東にある大洞山は女性的な山容の山で、登山道も整備されファミリーにも楽しめる。伊賀富士の愛称で親しまれる尼ヶ岳とともに室生火山群（むろう）に属する。裾野に点在する真福院参道の桜は「三多気の桜」（みたけ）として国の名勝に指定され、4月中旬の開花期には多くの観光客が訪れる。

コース（だいいちちゅうしゃじょう）**❶第1駐車場**から真福院への参道は桜並木になっており、山桜の老樹が多く、「さくら名所100選」にも選ばれ、花の季節は観光客で賑わう。**❷真福院**（しんぷくいん）は白鳳時代創建と伝わる山岳寺院で、修験の霊場として栄え、後に大和宇陀の国主北畠氏の祈願所となって隆盛した。

真福院からは閉鎖中の三多気キャンプ場を抜けて林道に出る。左へわずかで**❸大洞山登山口**（おおぼらやまざんぐち）があり、ここからは階段道となる。スギ・ヒノキのなか、高度差300mの急登に汗を流すと、三等三角点の埋まる**❹雌岳**（めだけ）に到達。山頂からは室生火山群の山々が一望のもとで、三峰山脈が屏風を立てたような山容を見せ、すばらしい眺望が広がる。

山頂の方位盤で山座同定を楽しみ、ひと息ついたら雄岳を目指そう。鞍部へと下り、少し登れば「富士浅間」と刻まれた石碑がある**❺雄岳**（おだけ）に至る。このあたりの草ヤブには秋にはリンドウの花が見られ心をなごませてくれる。四ノ峰へと灌木の茂るなかを下降し、三ノ峰からは一気に下って東海自然歩道が合流する**❻倉骨峠**（くらほねとうげ）に出る。

倉骨峠からは、時間に余裕があれば、北の尼ヶ岳まで足を延ばしてみるとよい。往復1時間30分程度を要し、最後にはササをかき分けての急登

▲三多気の桜は古木が多く「さくら名所100選」の一つ

▲大洞山雌岳からは360度の展望が開ける

もあるが、山頂からの眺望はすばらしい。

帰りは大洞山の東面を絡む東海自然歩道を進む。苔むした石畳の敷かれた趣ある道で、秋には雑木の紅葉が色をそえる。**❼桔梗平**（ききょうだいら）は四季の花咲く大洞園地の一角にあり、春から秋にかけて草花や花木の類が楽しめる。ここからは三多気キャンプ場（閉鎖）、**❷真福院**（しんぷくいん）の前を経て往路を**❶第1駐車場**（だいいちちゅうしゃじょう）へと下る。

1:40,000

0　　　500　　　1000m

1cm=400m
等高線は20mごと

関西 [大峰・台高]

適期…通年(盛夏を除く)　日本三百名山

熊ヶ岳と並ぶ竜門山地の最高峰で一等三角点の山

竜門岳
（りゅうもんだけ）

標高**904**m

奈良県
日帰り

吉野山口神社 → 竜門滝 → 竜門岳 → 三津峠 → 大峠 → 不動滝

総歩行時間	4時間5分	総歩行距離	8.9km	累積標高差	登り 871m / 下り 769m	登山レベル	初級向	体力 ★★☆☆ / 技術 ★★☆☆

▲山麓から遠望する竜門岳

公共交通機関
●行き：近鉄吉野線大和上市駅▶タクシー約10分・約2000円▶吉野山口神社　帰り：不動滝▶桜井市コミュニティバス約20分・440円▶桜井駅南口　※バスの便数が少ないので事前にダイヤの確認を。

マイカー
●南阪奈道路葛城ICから国道165号・24号・309号・169号、県道28号経由で約32km。吉野運動公園内の駐車場を利用し山頂への往復ルートとなる。

ヒント
●起点の山口へは、大和上市駅から吉野町デマンドバス（要予約☎0746-32-0550）も運行している。

問合せ
吉野町産業観光課 ☎0746-39-9066
桜井市観光まちづくり課（桜井市コミュニティバスも）☎0744-42-9111
奈良近鉄タクシー（吉野配車センター）☎0746-32-2961

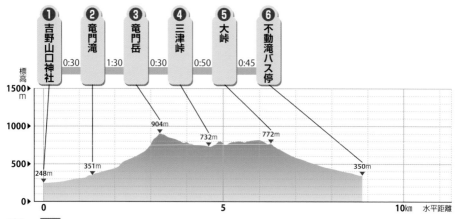

①吉野山口神社　0:30　②竜門滝　1:30　③竜門岳　0:30　④三津峠　0:50　⑤大峠　0:45　⑥不動滝バス停

標高 1500m / 1000m / 500m / 0m
248m　351m　904m　732m　772m　350m
0　5　10km　水平距離

欄外情報　健脚であれば、細峠、冬野経由で談山神社へ抜け、桜や紅葉を楽しむのもよい。

芭蕉ゆかりの滝や古寺跡をめぐる
玄人好みの静かな山旅で2つの峠越え

概要 奈良県桜井市と宇陀市を分け、津風呂湖に連なりを終える竜門山塊にあって、竜門岳は、熊ヶ岳と並ぶ最高峰であり、一等三角点が鎮座する。一条の流れが飛竜のごとき竜門滝は一見の価値あり。今は礎石のみが残る竜門寺は白鳳時代の創建で皇族や藤原道長も参詣した。

コース バスでのアクセスに難があるため、近鉄大和上市駅からタクシーで❶吉野山口神社へ。道標に従い、嶽川沿いの林道を北にとる。農村から植林の道に入り、竜門寺の由来を示す看板を過ぎると、ほどなく❷竜門滝に着く。2段24mの細長い軌跡は、空を飛ぶ白竜のようだ。滝の左に、1688年に当地を訪れた松尾芭蕉の句「龍門の花や上戸の土産にせん」を刻んだ石碑がある。滝の左上に、平安時代には伽藍が立ち並び隆盛を誇ったという竜門寺跡がある。登山道からは踏み跡がついているが、礎石や柱穴が残るのみである。

　道幅が狭くなり、右に細い滝を見て二俣に至る。ここで沢筋に別れを告げ尾根筋に乗る。強烈な登りだが、振り向けば大峰山脈が垣間見える。❸竜門岳の山頂は眺めは得られず、小さな祠と一等三角点があるのみで静寂に包まれている。

　山頂を辞し、道標に従い北へ続く尾根をとる。

▲展望はなく小さな祠がある竜門岳のピーク

しばらく下ると送電線が横切るため樹木が切り払われた展望地となる。ルートは西に曲がり、クマザサの薮をこぎながらの難路となる。❹三津峠を直進し、細峠への分岐を過ごし、細かなアップダウンをしのげば、「女坂傳稱地」の石碑がある❺大峠に着く。左折すると、ほどなく林道となり、針道の集落を経て不動滝に下りる。8mほどの滝の道向かいには、中央でスッパリ割れている破不動の巨岩がある。❻不動滝バス停は2車線道路に出て右、約40mにある。

▲2段に落ちる竜門滝

1:60,000
0　　500　　1000m
1cm=600m
等高線は20mごと

関西［和歌山］

適期…4月上～11月上 世界遺産

曼荼羅の世界に思いを馳せる「八葉蓮華」の山

高野三山
（こうやさんざん）

奥の院前→摩尼山→楊柳山→転軸山→一の橋口

標高 **1009m**	
（楊柳山）	
和歌山県	
日帰り	

総歩行時間	3時間50分	総歩行距離	8.5km	累積標高差	登り 536m 下り 517m	登山レベル	初級向	体力 ★★☆☆ 技術 ★☆☆☆

▲黒河橋あたりから望む楊柳山の山容

公共交通機関

●行き：南海電鉄高野線極楽橋駅▶高野山ケーブル5分・500円▶高野山駅▶南海りんかんバス20分・420円▶奥の院前　●帰り：一の橋口▶南海りんかんバス20分・340円▶高野山駅▶高野山ケーブル5分・500円▶極楽橋駅

マイカー

●南阪奈道路羽曳野ICから国道170号・310号・371号・370号・480号経由で約50km。京奈和自動車道橋本ICから約25km。高野山中の橋駐車場（無料）を利用。

ヒント

●転軸山から東の弘法大師廟へと道が下っているが、ここは利用禁止。弘法大師廟の見学は往路で立ち寄るか、下山後、奥の院参道を戻る形になる。

問合せ

高野町観光協会 ☎0736-56-2468
南海電鉄（高野山ケーブルカー）☎06-6643-1005
南海りんかんバス高野山営業所 ☎0736-56-2250

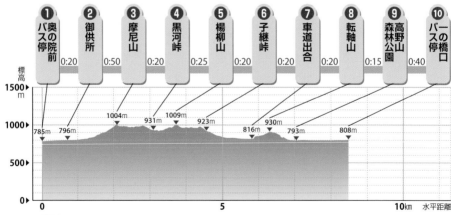

①奥の院前バス停 0:20 ②御供所 0:50 ③摩尼山 0:20 ④黒河峠 0:25 ⑤楊柳山 0:20 ⑥子継峠 0:20 ⑦車道出合 0:20 ⑧転軸山 0:15 ⑨高野山森林公園 0:40 ⑩一の橋口バス停

標高1500m / 1000m / 500m / 0m

785m 796m 1004m 931m 1009m 923m 816m 930m 793m 808m

0 5 10km 水平距離

欄外情報　奥の院前バス停そばの中の橋会館には、高野山名物の精進料理が食べられる店がある。名産品としてゴマ豆腐も有名。

上級
中級
初級
入門

世界遺産高野山の聖域で心を癒やす 八葉蓮華の三山をめぐる祈りの山旅

概要 高野山は壮麗な伽藍が立ち並び重厚な歴史が感じられる天空の聖地である。この地の魅力は四季の彩りと静寂な山域にある。世界遺産「紀伊山地の霊場と参詣道」の一つである高野山の、八葉蓮華の山の中でも、「高野三山」として知られる山々をめぐる癒やしと祈りの道。

コース ❶奥の院前バス停からスギ古木茂る企業関係の墓石群の中、弘法大師廟へ向かい、❷御供所の裏の林道へ出る。廟を離れると人影を見ない静寂の世界。春は小鳥のさえずり、夏は蝉時雨のほかは聞こえない。最初の分岐を右折、林道を横断し、原生林と植林の間を進めば摩尼峠に着く。ひと息入れるによい。峠から左、高野六木（モミ、スギ、コウヤマキ、ツガなど）が茂る急坂を登る。階段道にひと汗かくころ、如意輪観音を祀る❸摩尼山に着く。小広い頂を少し下ると木の間に楊柳山、転軸山が垣間見られる。

コブを２つ３つ踏み越え行けば❹黒河峠に出

▲高野三山の最高峰・楊柳山山頂の祠

る。祠の横から急坂を登りつめ、❺楊柳山に立つ。北に眺望を得たら先へ進もう。石標の立つ分岐の先、雪池山分岐で左へ行けば❻子継峠に着く。峠から左へ下り、ススキが原（広谷）へ出たら、川沿いを車道に出合うまでゆく。❼車道出合を右へゆくと、左に転軸山登山口がある。昼なお暗い原生林を登りつめると弥勒菩薩を祀る祠がうっそうとした❽転軸山山頂に霊気を漂わせている。山頂から東へ下る道は利用禁止のため、ここは西側の❾高野山森林公園へと下る。公園から南に歩き、奥の院参道を経由して❿一の橋口バス停へ。

関西［和歌山］

適期…通年

花・大展望

キイシモツケ咲く「紀州富士」は紀ノ川を望む好展望

龍門山
りゅうもんざん

粉河駅 → 一本松 → 田代峠 → 龍門山 → 一本松 → 粉河駅

標高756m

和歌山県
日帰り

総歩行時間	総歩行距離	累積標高差		登山レベル		
4時間40分	11.1km	登り 789m 下り 789m		初級向	体力 ★★☆☆ 技術 ★★☆☆	

公共交通機関
●往復：JR和歌山線粉河駅

マイカー
●阪和自動車道泉南ICから府道63号、国道24号経由で約24km。竜門橋を渡り、荒見交差点を右折すると左側に登山者用駐車場（無料）がある。また、田代コース登山口に4台分、中央コース登山口に2台分ほどの駐車スペースがある。農作業の邪魔をしないよう通行しよう。

ヒント
●マイカーなら、竜門橋から国道24号を東へ6kmほどの、道の駅紀の川万葉の里で名物のじゃこ寿司やあゆ寿司を買ってお弁当にするのもおすすめ。地元の農産物も購入できる。秋はマツタケ山となるため、登山道以外は立入禁止となる。

問合せ
紀の川市観光振興課
☎0736-77-2511
那賀振興局地域振興部企画産業課
☎0736-61-0012

◀明神岩は龍門山最大の蛇紋岩でロッククライミングのゲレンデでもある

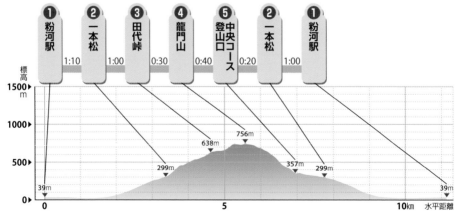

標高
m
1500▶
1000▶
500▶
0▶

❶粉河駅 1:10 ❷一本松 1:00 ❸田代峠 0:30 ❹龍門山 0:40 ❺中央コース登山口 0:20 ❷一本松 1:00 ❶粉河駅

39m
299m
638m
756m
357m
299m
39m

0　　　　　5　　　　　10km　水平距離

欄外情報　粉河駅北の粉河寺は西国三十三所の第3番札所。庭園は国指定の名勝で、境内への入場は無料だが、本堂拝観時のみ400円。

のどかな果樹園やユニークな磁石岩
絶壁を誇る明神岩などみどころ豊富

概要 龍門山は和歌山市側から見ると富士山のように見えることから紀州富士と呼ばれる。県指定天然記念物のキイシモツケや磁石岩のほか、明神岩、風穴などみどころが多く飽きさせない。道標が整備され、きつい傾斜もないので、初心者にも登れる。

コース JR和歌山線の**❶粉河駅**（こかわえき）を出て南へ進む。国道24号線を横断して竜門橋を渡り、集落を抜けると果樹園の狭いコンクリート道路となる。桃や梨、柿、ミカンなどが栽培され、花の時期や収穫期には甘い香りが漂う。田代コースと中央コースの分岐点あたりが**❷一本松**（いっぽんまつ）。マイカーはここに駐車することもできる。

雑木林の道をしばらく登ると地蔵尊の祠が見え、水場に着く。塵無池（ちりなしいけ）に至る小道を右に見送り**❸田代峠**（たしろとうげ）へ。ここから稜線を西に進むとほどなく磁石岩が現れる。岩全体が磁力を帯びており、コンパスを近づけるとさまざまな方角を指すのがおもしろい。この磁力を帯びた岩は、龍門山のあちこちにあるといわれている。

磁石岩から**❹龍門山**（りゅうもんざん）山頂はすぐだ。広場になっており、展望はきわめて良い。山麓の桃山町付近は桃源郷と呼ばれ、4月上旬には、咲き揃った桃の花がピンクの絨毯のように見える。初夏にはキイシモツケが白い花を咲かせ、天気の良い日には優雅に空を散歩するパラグライダーやハンググライダーが見られることもある。

中央コース・勝神コース下り口から下山を始め

▲龍門山の山頂は広場になっており展望も良好

▲天然記念物のキイシモツケ

る。途中で勝神コースと分かれ、「明神岩・風穴」の道標に従って進むと明神岩の上に出る。龍門山の山頂付近は蛇紋岩で形成されているが、明神岩はその中でも最大で、高さは約30mある。すぐそばには風穴があり、楠木正成（くすのきまさしげ）が一時こもったという伝説が残る。

登山道に戻り、ひたすら下ると**❺中央コース登山口**（ちゅうおうとざんぐち）に出る。あとは舗装道を**❷一本松**に向かい、往路を**❶粉河駅**へ戻る。

関西 [和歌山] 適期…4月下～11月中 花

『紀伊風土記』にも記された、双耳峰をなす熊野山地の盟主

大塔山
おおとうさん

足郷トンネル東口 → 足郷山 → 大塔山 → 大塔橋 → 足郷トンネル東口

標高 1122m
和歌山県
前夜泊・日帰り

総歩行時間	**5時間35分**	総歩行距離	**12.6km**	累積標高差	登り **1305m** 下り **1305m**	登山レベル	**中級向**	体力 ★★☆☆ 技術 ★★★☆

▲法師山から望む大塔山(右)と一ノ森

公共交通機関

●行き：JR紀勢本線古座駅▶タクシー約1時間30分・約1万6000円▶足郷トンネル東口 ●帰り：大塔橋▶タクシー約1時間20分・約1万4500円▶古座駅 ※タクシーは台数が少ないので前もって予約しておくこと。

マイカー

●紀勢自動車道すさみ南ICから国道42号、県道39号、国道371号、県道229号経由で約66km。大塔橋、足郷トンネル東口に駐車スペースあり。

ヒント

●紹介したコースは古座川町が整備したものだが、橋の流出など荒れている箇所があるので注意したい。地図と磁石は必携で、GPSがあると便利。

問合せ

古座川町地域振興課 ☎0735-67-7901
古座川タクシー（要予約） ☎0735-72-0370
串本タクシー（要予約） ☎0735-62-0695

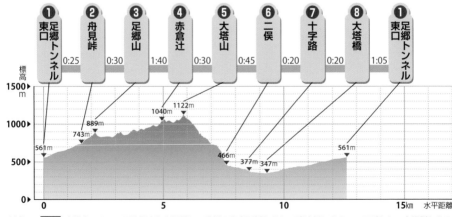

❶ 足郷トンネル東口 0:25 ❷ 舟見峠 0:30 ❸ 足郷山 1:40 ❹ 赤倉辻 0:30 ❺ 大塔山 0:45 ❻ 二俣 0:20 ❼ 十字路 0:20 ❽ 大塔橋 1:05 ❶ 足郷トンネル東口

標高 m
1500m
1122m
1040m
1000m
889m
743m
561m
466m
500m
377m 347m
561m
0m
0 5 10 15km 水平距離

欄外情報　大塔山へのコースは紹介した以外に、安川の宗小屋橋からと、弘法杉からのコースがあり、大阪側からの入山に適している。

原生林の豊かな森を足郷山から二ノ森へ
滝を見ながら古座川源流の川筋を下る

▲迫力ある岩壁の間を流れ落ちる植魚の滝

概要 大塔山は主峰二ノ森と北隣りの一ノ森が
双耳峰をなす大きな山塊で、山名は二峰の間が大
きくたわんでいることから「大なるタワの峰」が
訛ったものという。ブナ林が美しい山で、春はアケボノツツジ、秋は青紫の花を上向きに付けたアサマリンドウが沿道を飾る。

コース ❶足郷トンネル東口が登山口で道標もある。❷舟見峠までは林道を行き、石地蔵から山道に入る。足郷山へは巻き道を離れて尾根伝いにブッシュを分けて登る。❸足郷山から尾根筋を赤倉辻に向かう。秋には可憐なアサマリンドウの花が目につき、ところどころで小さな群生をつくっている。緩やかな登りで独漂905mまで来ると、大塔山の雄姿と、南に派生する尾根の鞍部に法師山が顔を覗かせる。

　ここから赤倉辻にかけては気持ちのよい尾根道で、ブナ、ヒメシャラを主体にシャクナゲ、アケボノツツジ、ヤブツバキ、アセビ、アカガシなどが茂る自然林となっていてキノコの類も多い。急な登りを繰り返して進むとやがて❹赤倉辻で、右への道は尾根通しに赤倉岳に通じる。辻からブナ

に覆われた尾根道を二山越えて登り返すと❺大塔山（二ノ森）である。山頂は樹林に囲まれ眺望はよくない。

　帰路は南へ切り開きの道が下っている。しばらく尾根を下ってから左へ、弓矢谷に向かって山腹をジグザグに下降する。道はかなり急で、やがて石ころの多い源流に達し、谷沿いに下ると❻二俣に出る。さらに下流へと進むと❼十字路。ここから張尾谷に懸かるハリオの滝と、魚を畑に植えたという故事が残る植魚の滝にも寄り道し、十字路に戻って、本流を右に左にと徒渉して下流に向かうと❽大塔橋に出る。後は左へ車道を❶足郷トンネル東口へと歩く。

上級
中級
初級
入門

地図

弘法杉
三等三角点の
埋まる頂
ブナ、ヒメシャラ
赤倉岳への道が
右に分かれる

一ノ森
東の峰
❹赤倉辻
気持ちのよい尾根道
シャクナゲ、アケボノツツジ
ヤブツバキ、アセビ

和歌山県
新宮市
→国道168号

大塔山
（二ノ森）
大塔山❺
1058
1122
1067
0:30
0:30
展望が開け、
大塔山が形よく見える

切り開きの道
急坂をジグザグに下る
左に折れスギ林の
中を下る

アサマリンドウ

905

アサマリンドウ

足郷山へは
巻き道を離れて
尾根伝いに登る

田辺市

❻二俣

滝への
道標がある

❸足郷山
889
❷舟見峠
石地蔵

0:20
❼十字路
0:30

0:20
川を徒渉
しながら進む
道不明瞭
巻き道

0:25

❽大塔橋

舟見峠までは林道を行く

駐車スペース少ない

古座川町

N
1:50,000
1cm=500m
等高線は20mごと
0　500　1000m

❶足郷トンネル東口
トンネル西口
足郷トンネル

駐車スペース少ない

1:05

国道371号・串本↓

関西［和歌山］

適期…4月中〜11月中

花・大展望

別名「法師ノ森」ともいわれ、大塔山地随一を誇る眺望

法師山
（ほうしやま）

標高1121m

和歌山県
日帰り

トウベ谷出合登山口→縦走路出合→法師山→1006m峰→トウベ谷出合登山口

総歩行時間	4時間20分	総歩行距離	5.5km	累積標高差	登り 683m / 下り 683m	登山レベル	初級向	体力 ★★☆☆ / 技術 ★★☆☆

▲法師山からは360度の視界が開け西には百間山が望める

公共交通機関

●JR紀勢本線紀伊田辺駅からトウベ谷出合登山口までタクシーで約1時間30分・約1万8000円。

マイカー

●紀勢自動車道上富田ICから国道311号、県道221号・37号、国道371号、短い大峯トンネルを抜けた先の三差路で国道を離れ左に熊野川沿いに進み、百間口を経て約35km。板立峠を過ぎて下った最初の橋が登山口で、林道沿いの幅員に数台駐車できる。

ヒント

●尾根に取り付くと水場はない。水は手前の百間口で補給しておくこと。法師山へのコースは紹介した以外に、百間山からの縦走コース、東側、宗小屋橋からのコース、木守から入湯山を経て登るコースなどがある。

問合せ

大塔観光協会 ☎0739-48-0301
明光タクシー田辺営業所 ☎0739-22-2300

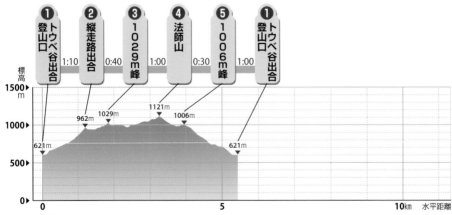

① トウベ谷出合登山口 — 1:10 — ② 縦走路出合 — 0:40 — ③ 1029m峰 — 1:00 — ④ 法師山 — 0:30 — ⑤ 1006m峰 — 1:00 — ① トウベ谷出合登山口

標高 m
1500
1000
500
0

621m / 962m / 1029m / 1121m / 1006m / 621m

0　　　5　　　10km　水平距離

欄外情報　林道や登山道の状況は前もって確認を。できれば梅雨と夏期にあたる6月中旬から9月中旬までを避け、ブナの新緑が萌え、ツツジ類が花開く5月連休の頃に登りたい。

尾根にはアケボノツツジやシャクナゲ
一等三角点が置かれた山頂は展望抜群

概要 法師山は標高ではわずかの差で東方の大塔山（P112）に主峰の座をゆずるが、その秀でた山容は江戸時代の地誌『紀伊続風土記』にも「山峰他峰よりすくれて其の頂を顕すを似て名つくるなり」と記され、山頂からの展望は大観で、熊野の山々はもちろん、遠く大峰の山々まで見渡せる。

コース 百間渓谷入口を通り過ぎ、熊野川沿いの車道を木守方面へ。板立峠を越えると、法師山への**❶トウベ谷出合登山口**に着く。

鉄製の階段を上がって登山道に入り、1006m独標から南に派生する尾根を登る。植林内の緩やかな道だが、次第に傾斜が増して、シャクナゲの多い自然林に変わる。岩混じりの細い尾根道をあえぎ登ると**❷縦走路出合**（三差路）に出る。左は百間山への縦走路で、ここは道を右にとって、山腹をトラバース。主稜線に出て、岩稜の木の根をつかみ露岩混じりのヤセ尾根を登る。このあたりから1029m峰にかけては、5月の連休の頃にはアケボノツツジ、ミツバツツジ、ヒカゲツツジなどが咲き競い、さながら桃源郷の感がある。

ひと登りして**❸1029m峰**に立つ。右に山道

▲縦走路出合から1029m峰にかけてアケボノツツジが多い

が分かれるが、真東へ急下降する。やがてブナの混成林に入り、1003m峰の南を絡んで、緩やかな起伏の主稜線を快適に歩く。やがて左から宗小屋橋からの道が合わさり、ひと登りで一等三角点の埋まる**❹法師山**の頂を踏む。

山頂からは西に百間山、三ツ森山、半作嶺へと続く山稜が、東には双耳峰の大塔山二ノ森と一ノ森が堂々たる風格を見せる。南に入道山へと続く縦走路、北に野竹法師、遠く果無・大峰南部の山々が重畳と波打つ。展望を満喫したら、反射板の横からタママツ尾根の低木帯を下る。ブナ、カエデ、ミズナラ林のプロムナード。**❺1006m峰**を過ぎると周囲は植林帯に変わり、シャクナゲの見られる751m峰から山腹道を下っていくとタママツ尾根登山口に出る。右に行けば**❶トウベ谷出合登山口**に帰り着く。

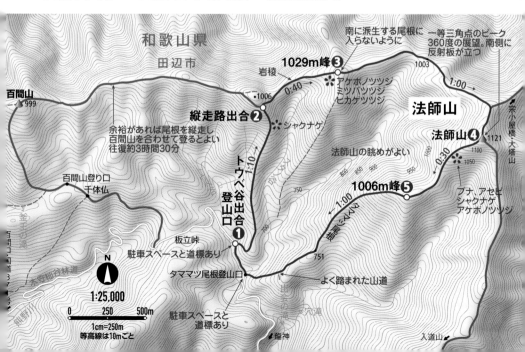

和歌山県
田辺市

南に派生する尾根に入らないように

一等三角点のピーク
360度の展望。南側に反射板が立つ

1029m峰❸

岩稜

1003

1:00

百間山
999

余裕があれば尾根を縦走し百間山を合わせて登るとよい往復約3時間30分

•1006

0:40

アケボノツツジ
ミツバツツジ
ヒカゲツツジ

縦走路出合❷

シャクナゲ

法師山

法師山❹

1121

宗小屋橋・大塔山

百間山登り口
千体仏

1:10

法師山の眺めがよい

1050

0:30

1100

ブナ、アセビ
シャクナゲ
アケボノツツジ

750

800 890 900

950

トウベ谷出合登山口❶

1:00

1006m峰❺

板立峠
駐車スペースと道標あり

700

海側道路

タママツ尾根登山口

751

よく踏まれた山道

駐車スペースと道標あり

N

1:25,000

0 250 500m

1cm=250m
等高線は10mごと

龍神

入道山

那智山詣での古道から那智三峰の主峰・烏帽子山へ

烏帽子山
（えぼしやま）

高田→俵石→烏帽子山→俵石→高田

標高910m

和歌山県
前夜泊・日帰り

総歩行時間	5時間35分	総歩行距離	11.8km	累積標高差	登り 1120m 下り 1120m	登山レベル	初級向	体力 ★★☆☆ 技術 ★★☆☆

適期…4月上旬～12月上旬　大展望・立ち寄り湯

▲帽子岩のテラスから妙法山、那智高原、熊野灘方面を望む

公共交通機関
●往復：JR新宮駅▶熊野御坊南海バス約40分・500円
▶高田　※運行本数が少ないので事前に要確認。

マイカー
●阪和自動車道・紀勢自動車道上富田ICから国道311号・168号を経由、高田川・里高田川に沿って、県道230号線を進み林道終点まで約85km。5～6台ほどの駐車スペースあり。

ヒント
●これといった通過困難箇所はないが、コツカノ岩の展望地を過ぎると、岩と岩の間を縫う急坂で、テープを頼りの登りが続く。慎重に歩こう。

問合せ
新宮市観光協会 ☎ 0735-22-2840
熊野御坊南海バス ☎ 0735-22-5101
高田グリーンランド雲取温泉 ☎ 0735-29-0321

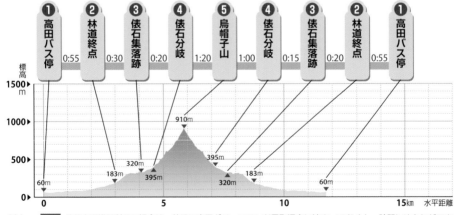

❶ 高田バス停 0:55
❷ 林道終点 0:30
❸ 俵石集落跡 0:20
❹ 俵石分岐 1:20
❺ 烏帽子山 1:00
❹ 俵石分岐 0:15
❸ 俵石集落跡 0:20
❷ 林道終点 0:55
❶ 高田バス停

標高 m
1500 m
1000
500
0

910m
320m　395m
60m　183m　395m
320m　183m　60m

0　　　　5　　　　10　　　　15km　水平距離

欄外情報 公共交通機関利用の場合は、前日に高田グリーンランド雲取温泉に泊まっておくと、時間にゆとりができる。雲取温泉では日帰り入浴も可能(大人500円)。

コース途中から熊野灘を眺め
役行者ゆかりの帽子岩に立つ

概要 烏帽子山は妙法山・光ヶ峯とともに那智三峰を構成する主峰で、那智川と高田川の源頭にそびえている。山頂近くには、山名の由来となった帽子岩をはじめ、瓶子岩、コツカノ岩などの巨岩が点在している。南麓の那智川には日本三名瀑の那智の滝に代表される那智四十八滝が点在、一方、高田川には日本の滝百選の桑の木の滝が懸かり、渓谷美にも恵まれている。

コース ❶高田バス停で下車。里高田川に沿って林道を大杭峠方面に向かう。この道は、高田から那智川の市野々へと越える古道で、古くには那智山詣での経路として賑わったという。栂の平橋を渡ってすぐ、❷林道終点に着く。つづら坂と呼ばれる古道を緩やかに登っていく。石仏を祀る小さな峠を越え、椿谷を渡ってすぐ、❸俵石集落跡へ。俵石の村名の起源とされる俵状の苔むした大岩が目立つ。

棚田・石積み跡の間を進むと❹俵石分岐に着く。真っ直ぐは大杭峠越えの古道、ここでは右上、烏帽子山への登りにかかる。広い谷沿いの道を進み

▲木々に包まれた烏帽子山の山頂

支尾根に取り付く。高度が上がるとともに、露岩が目立ち始める。やがて休憩ポイントのコツカノ岩の展望地に着く。烏帽子山から大杭峠、光ヶ峯へ瓶子尾根が連なり、陽光に輝く熊野灘を望むことができる。

ひと休みの後、岩と岩の間を縫いながら、一気に高度を上げ、一等三角点の❺烏帽子山山頂に登る。山頂は樹林に囲まれ展望が期待できないため、山頂直下の帽子岩まで足を延ばそう。

西尾根を少し下ると帽子岩に着く。帽子岩は山岳修験の祖、役ノ行者の置き忘れた帽子がそのまま石に変わったと伝えられる大岩で、上部の岩が烏帽子に似ていることが山名の由来とされる。鎖につかまってハシゴを登り、帽子岩のテラスへ。目の前の眺望が大きく開け、足元に那智原生林の樹海を見下ろす。また右から左に目を向けると、大雲取山山稜、那智高原、そして妙法山の向こうには那智湾から熊野灘、大島方面に至る大パノラマが思いのままだ。

帰路は、往路を戻るが、コツカノ岩までの露岩帯はくれぐれも慎重に下りたい。

▲南側から烏帽子山（右）と那智の滝を望む

▲俵石分岐。烏帽子山は右、直進は那智山詣での道、大杭峠へ

欄外情報 バス停のある高田地区には、日本の滝100選に選定されている桑の木の滝をはじめ、内鹿野渓谷の出合の滝、ナル谷の二の滝などがあり、遊歩道が整備されている。

49
烏帽子山

上級
中級
初級
入門

117

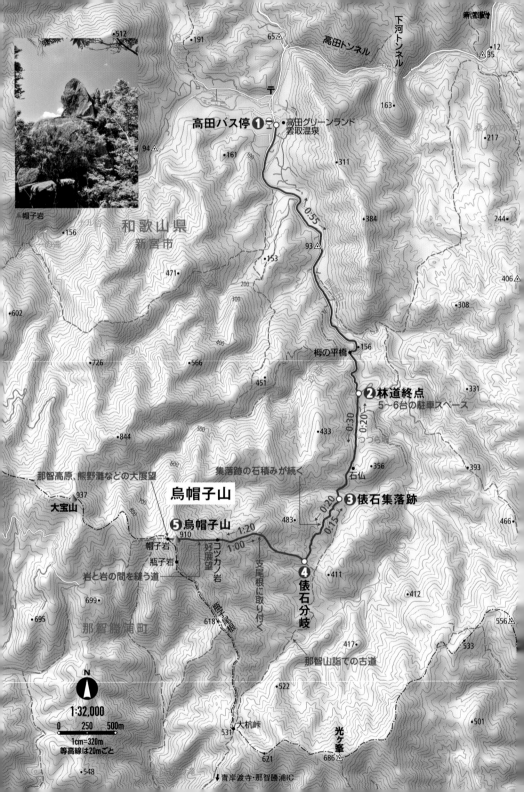

帽子岩

512

191

65

高田トンネル

下河トンネル

新宮駅付

12
35

163

217

高田バス停 ❶ エ ・高田グリーンランド
雲取温泉

94

161

311

0:55

384

244

和歌山県
新宮市

156

153

93

406

471

0:20

200

300

308

栂の平橋

156

726

566

451

❷ 林道終点
5〜6台の駐車スペース

331

0:30

0:20

つづら折り

844

433

356

石仏

393

500

集落跡の石積みが続く

那智高原、熊野灘などの大展望

烏帽子山

❸ 俵石集落跡

466

937

大宝山

600

0:20

483

0:15

❺ 烏帽子山
910

1:20

帽子岩
瓶子岩

1:00

コッカ／岩
好展望

支尾根に取り付く

411

412

岩と岩の間を縫う道

699

瓶子尾根

618

❹ 俵石分岐

556

那智勝浦町

695

417

533

那智山詣での古道

N

1:32,000

0   250   500m
1cm=320m
等高線は20mごと

522

大杭峠
531

621

686

光ヶ峯

501

548

↓青岸渡寺・那智勝浦IC

50 八丁平高層湿原から修験の霊場峰定寺へ 　標高 **970** m 　歩行時間 **5**時間**20**分 （中級）

峰床山
みねとこやま

参考地図*花脊

葛川中村 → オグロ坂峠 → 峰床山 → 俵坂峠 → 峰定寺 → 大悲山口

交 通 行き：京阪出町柳駅 ▶ 京都バス55分 ▶ 葛川中村　帰り：大悲山口 ▶ 京都バス1時間40分 ▶ 京阪出町柳駅　**問合せ** 山村都市交流の森 ☎ 075-746-0439

京都府第2の高峰・峰床山と、関西では貴重な高層湿原である八丁平を経て、大悲山峰定寺へと足を延ばすコース。林道から伊賀谷をさかのぼり、京都・滋賀の府県境である中村乗越を過ぎれば八丁平。豊かな自然に恵まれた野鳥の宝庫で、峰床山が小山のように望める。帰りは俵坂峠を過ぎナメラ谷林道で大悲山口を目指す。バスの時間に余裕があれば、山岳修験の古刹として知られる峰定寺を拝観しよう。

51 石切さんの門前町から山を越え宝山寺へ 　標高 **642** m 　歩行時間 **3**時間**10**分 （初級）

生駒山
いこまやま

参考地図*生駒山

新石切駅 → 石切神社上之社 → 興法寺 → 生駒山 → 宝山寺 → 生駒駅

交 通 行き：近鉄けいはんな線新石切駅　帰り：近鉄生駒駅
問合せ 東大阪市役所 ☎ 06-4309-3000　生駒市役所 ☎ 0743-74-1111

「石切さん」と呼ばれ親しまれている石切劔箭神社の門前町は、占いの店や薬屋、漬物屋などが並び、独特の雰囲気が漂っている。上之社を過ぎてやがて山道となり、興法寺を経て生駒山上遊園地のある山頂へ。一等三角点の周りを遊園地のミニSL列車が走る。下りは奈良県側に向かい、生駒聖天として知られる宝山寺を経て生駒駅へ。生駒山上駅または宝山寺駅から生駒ケーブル利用でエスケープも可。

52 京都・福井の府県境に位置し山頂から8国を望む 　標高 **800** m 　歩行時間 **2**時間**30**分 （初級）

八ヶ峰
はちがみね

参考地図*久坂

五波峠 → 家族旅行村分岐 → 八ヶ峰 → 家族旅行村分岐 → 五波峠

交 通 名神高速道路京都ICから国道162号経由で五波峠へ
問合せ 南丹市美山観光まちづくり協会 ☎ 0771-75-9030

八ヶ峰という山名は、山頂から360度の好展望が広がり、丹波、丹後、山城、近江、若狭、越前、加賀、能登の8国が望めることに由来するという。交通の便がよくないので、五波峠や八ヶ峰家族旅行村登山口を起点とするマイカー登山がおすすめ。余裕があれば山頂を越えて知井坂峠まで足を延ばしてもよい。知井坂は小浜と京都を結ぶ鯖街道の要所であった歴史を有し、石仏の見守る峠道に昔日の往来が偲ばれる。

53 湯村温泉にほど近い兵庫・鳥取県境の名峰

標高**1310**m 歩行時間**3**時間**20**分 初級

扇ノ山
おうぎのせん

参考地図*扇ノ山

水とのふれあい広場→小ズッコ→大ズッコ→扇ノ山→水とのふれあい広場

交　通 北近畿豊岡道八鹿氷ノ山ICから国道9号、県道262号経由で水とのふれあい広場へ
問合せ 新温泉町役場 ☎0796-82-3111

扇ノ山の名は山容が扇に似ていることに由来するとか。「夢千代日記」の舞台として知られる山陰の名湯・湯村温泉の南に位置し、ブナの自然林に恵まれた登山道が魅力。中国自然歩道にもなっている県境の稜線を登れば、頂上手前に市街地や日本海を遠望する展望所があり、ほどなく避難小屋のある山頂に到達。小屋の2階からも好展望が楽しめ、天候がよければ北は日本海、南に氷ノ山などの山並みが見渡せる。

---

54 落差72mの七種滝を望み岩尾根を縦走

標高**683**m 歩行時間**4**時間**50**分 中級

七種山
なぐさやま

参考地図*前之庄・寺前

青少年野外活動センター→七種滝→七種山→七種槍→青少年野外活動センター

交　通 中国自動車道福崎ICから国道312号、県道406号経由で青少年野外活動センターへ　**問合せ** 福崎町役場 ☎0790-22-0560

七種山、七種槍をめぐり周回するコース。青少年野外活動センターから川沿いの道をさかのぼると山門が立ち、ここにも駐車スペースがある。七種神社には落差72mの七種滝を望む展望所があり、水量が多い日には壮観。急坂を登るとやがて眺めのよい岩場に出るので七種山登頂前にひと休みしよう。アップダウンを繰り返す尾根道をたどり七種槍へ。さらに尾根を下り、鎖場、送電鉄塔を経て駐車場に戻る。

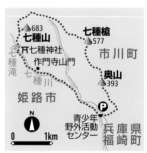

---

55 好展望の岩尾根が続く「播磨アルプス」

標高**300**m 歩行時間**3**時間**10**分 初級

高御位山
たかみくらやま

参考地図*加古川

鹿島神社→鷹ノ巣山→高御位山→北山鹿島神社→鹿島神社

交　通 往復：JR山陽本線曽根駅▶神姫バス10分▶鹿島神社
問合せ 高砂市役所 ☎079-442-2101　神姫バス加古川営業所 ☎079-423-2231

高砂市と加古川市の境に位置し、標高は低いが展望がよく、日差しの強い夏場や雨で滑りやすい日を除けば、気軽に快適な山歩きが楽しめる。岩尾根の登山道が続き「播磨アルプス」の異称もある。山容から「播磨富士」とも呼ばれる。大きな一枚岩の百間岩を慎重に登り、鷹ノ巣山、高御位山、小高御位山、中塚山とアップダウンを繰り返しながら縦走。中塚山からは道標に従い西に下れば車道に出る。

56 世界遺産の道をたどり関西有数の桜の名所へ

標高 **858** m　歩行時間 **3** 時間 **40** 分　入門

青根ヶ峰（吉野山）
あおねがみね（よしのやま）

参考地図＊吉野山・新子

吉野山駅→竹林院→吉野水分神社→青根ヶ峰→吉野水分神社→吉野山駅

交通 往復：近鉄吉野線吉野駅／千本口駅▶吉野ロープウェイ3分▶吉野山駅
問合せ 吉野山観光協会 ☎0746-32-1007　吉野ロープウェイ ☎0746-32-3046

吉野山は、吉野川左岸から青根ヶ峰付近に至る尾根の総称で、言わずと知れた桜の名所である。いちばん低い下千本から奥千本まで500m以上の標高差があり、開花期が異なるため長期間にわたり花見が楽しめる。桜の季節は人でいっぱいだが、金峯山寺や吉野水分神社など世界遺産の文化財も目白押しで、どの季節に訪れても趣深い。青根ヶ峰からは東の蜻蛉の滝へと下るルートもある。

---

57 ピラミダルな山容で展望抜群

標高 **1029** m　歩行時間 **4** 時間 **10** 分　初級

局ヶ岳
つぼねがたけ

参考地図＊宮前

堀出→局ヶ岳神社→新登山口→局ヶ岳→局ヶ岳神社→堀出

交通 往復：近鉄松阪駅▶三重交通バス50分▶堀出　**問合せ** 松阪市飯南地域振興局 ☎0598-46-7111　三重交通バス松阪営業所 ☎0598-51-5240

特異な山容から「南伊勢の槍ヶ岳」とも呼ばれ山頂からの眺めも抜群。三峰山をはじめとする山並みから遠く伊勢湾まで、360度の大展望が広がる。バスの場合は、堀出から茶畑の広がる緩やかな登りを局ヶ岳神社へ。車なら神社の広場に駐車。その先すぐに分岐があり、右は旧道登山口、左は新登山口に至るが、周回する場合はどちらから登ってもよい。新登山口にも駐車場がある。

---

58 熊野古道小辺路を登り二百名山の山へ

標高 **1344** m　歩行時間 **5** 時間 **20** 分　中級

伯母子岳
おばこだけ

参考地図＊上垣内・伯母子岳

大股橋→萱小屋跡→桧峠→伯母子峠→伯母子岳→桧峠→大股橋

交通 阪和自動車道美原北ICから国道309号・371号、県道733号経由で大股橋へ
問合せ 野迫川村役場 ☎0747-37-2101

大股から伯母子峠への道は、高野山と熊野本宮を結ぶ熊野古道小辺路の一部で、世界遺産に登録されている。伯母子峠からは小辺路を離れ西に10分ほどで山頂。伯母子岳にはまた、高野龍神スカイラインのごまさんスカイタワー近くから奥千丈林道に入り、遊歩道入口近くの駐車スペースから口千丈山を経て、高低差の少ない道で登ることもできる。伯母子岳山頂からは奥高野でも指折りの好展望が広がる。

59 和歌山県最高峰の龍神岳と合わせて登る

護摩壇山
（ごまだんざん）

参考地図*護摩壇山

標高 1372 m **歩行時間 3時間50分** 初級

ごまさんスカイタワー → 護摩壇山 → 龍神岳 → 森林公園総合案内所 → ごまさんスカイタワー

交通 阪和自動車道美原北ICから国道309号・371号経由でごまさんスカイタワーへ
問合せ 龍神観光協会 ☎ 0739-78-2222　護摩壇山森林公園 ☎ 0739-79-0667

高野龍神スカイラインの駐車場からわずか20分ほどで登れる護摩壇山は、和歌山県最高峰とされてきたが、東に700mほどの1382m峰が県内最高峰と判明し、公募により龍神岳と命名された。護摩壇山の山名は、平維盛が山頂で護摩を焚き平家の行く末を占ったことにちなむという。山を下ったら、森林公園入口から遊歩道で園内を巡ろう。6000本のシャクナゲが植栽された日本一のシャクナゲ園は見もの。

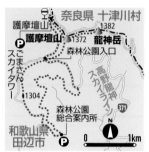

---

60 南朝ゆかりの果無山脈最高峰

冷水山
（ひやみずやま）

参考地図*恩行事・発心門

標高 1262 m **歩行時間 7時間30分** 中級

丹生ヤマセミの郷 → 和田ノ森 → 安堵山 → 冷水山 → 丹生ヤマセミの郷

交通 阪和自動車道みなべICから国道424号・425号、県道735号経由で森林公園丹生ヤマセミの郷へ　**問合せ** 龍神観光協会 ☎ 0739-78-2222　丹生ヤマセミの郷 ☎ 0739-78-2616

冷水山は果無山脈の最高峰で、東の果無峠から北に下れば十津川温泉に至る。和田ノ森から安堵山、冷水山を経て十津川へと下る道は、南北朝時代に大塔宮護良親王が逃げ延びた古道と伝わっている。安堵山の名は、護良親王がここまで来ればひと安心と安堵したことに由来するとか。起点・終点となるヤマセミの郷にはコテージや美人の湯で知られる温泉館もあり、泊まりがけのゆったりとした山行がおすすめ。

---

61 秋の風景が格別なススキの名所

生石ヶ峰
（おいしがみね）

参考地図*動木

標高 870 m **歩行時間 6時間30分** 中級

登山口 → 小川八幡神社 → 生石ヶ峰 → 小川八幡神社 → 登山口

交通 往復：JR紀勢本線海南駅▶大十オレンジバス30分▶登山口
問合せ 紀美野町役場 ☎ 073-489-2430　大十バス ☎ 073-489-2751

ススキの草原が広がる「生石高原」として知られ、生石ヶ峰に一等三角点がある。秋の陽光に照らされた黄金色のススキの原は関西でも屈指の佳景。奥高野の山々や紀伊水道を望む眺望も抜群。小川八幡神社までのバス便が少ないため、歩行時間が往復2時間ほど増えるが、山麓までタクシーを利用してもよい。余裕があれば、帰りは桜の小径コースを下ろう。車なら駐車場から20～30分で生石ヶ峰に立てる。

中国・四国 area

▲鍵掛峠から望む
大山南壁

62

中国・四国［中国］

適期…4月上〜11月下 日本三百名山・花・大展望

季節の花と雄大な展望が楽しみな中国山地東部の名山

那岐山
（なぎさん）

高円 → 蛇淵の滝 → 那岐山 → 蛇淵の滝 → 高円

標高 1255m

岡山県・鳥取県
前夜泊・日帰り

総歩行時間	総歩行距離	累積標高差		登山レベル		体力 技術
5時間35分	13.8km	登り 1063m 下り 1063m		中級向		体力 ★★★☆ 技術 ★★☆☆

▲緩やかな尾根をたどって那岐山山頂へ

公共交通機関
●往復：JR津山線津山駅▶中鉄ほくぶバス約40分・860円▶高円 ※バスはほぼ1時間に1本。

マイカー
●中国自動車道美作ICから国道53号、地方道経由で約18km。蛇淵の滝に無料駐車場あり。

ヒント
●人数が揃えば、津山駅からタクシーで蛇淵の滝まで入れば時間短縮ができる。かつては滝本局前バス停か

らのコースもよく登られていたが、自衛隊演習地内を通ることから、現在は通行ができなくなっている。

問合せ
奈義町観光案内所 ☎0868-36-7311
奈義町産業振興課 ☎0868-36-4114
中鉄ほくぶバス ☎0868-27-2827
津山タクシー ☎0868-22-4188

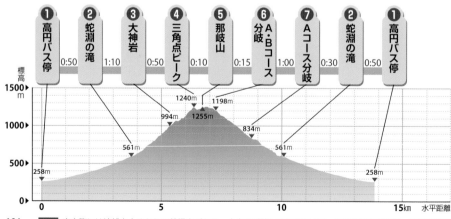

❶高円バス停　0:50　❷蛇淵の滝　1:10　❸大神岩　0:50　❹三角点ピーク　0:10　❺那岐山　0:15　❻A・Bコース分岐　1:00　❼Aコース分岐　0:30　❷蛇淵の滝　0:50　❶高円バス停

標高m 1500m 1000m 500m 0m

1240m 1198m 994m 1255m 561m 834m 561m 258m 258m

0　　　5　　　10　　　15km　水平距離

欄外情報　東中腹には法然上人ゆかりの菩提寺がある。上人お手植とされる大イチョウは樹齢1000年、国の天然記念物に指定されている。

▲山頂手前から滝山方面を振り返る

ポピュラーな大神岩コースから山頂へ
広い尾根筋からの展望も魅力

概　要 氷ノ山後山那岐山国定公園に属し、イザナギ、イザナミの2神が降臨したという伝説の山。花で知られる山で、ドウダンツツジは5〜6月。鳥取県側コースだとイワウチワ（4月）やシャクナゲ（5月）も大きな魅力だ。

コース ❶高円バス停から車道を北に2kmたどり、「蛇淵の滝・那岐山登山口」の標識を左折するとほどなく❷蛇淵の滝に着く。その昔、大蛇の化身が巨人を生んだという伝説の滝だ。

登山口はその200m先にあり、すぐにB・Cコースが分岐する。Cコースをとり、台風被害を受けたヒノキの伐採地を登ると、やがて林道を横切

▲鳥取県側西仙コースではイワウチワの群落が見られる

りヒノキ林の縁を登る。行く手に那岐山の上部が望め退屈しない。水場を過ぎて北西方向へジグザグに登れば❸大神岩だ。岩に立てば足下には大小のため池が点在する日本原高原が広がる。

ここから八合目にかけてはブナやナラの広葉樹林で、初夏はベニやサラサのドウダンツツジが可愛い花をつるす。最後のササと小灌木の斜面を登ると休憩舎のある❹三角点ピークに出て、鳥取県側からの西仙コースが合流する。❺那岐山山頂は北東に鞍部をはさんだピークだ。

大山や瀬戸内海まで見渡せる360度の山頂展望を楽しんだら東方向へと尾根を歩く。ほどなく❻A・Bコース分岐で、ここからは右のBコースに入る。樹林の道を下り、黒滝分岐を過ぎればすぐに❼Aコース分岐。なおもBコースを下り続ければ、木橋を渡った先が往路で通ったB・Cコース分岐だ。あとは❷蛇淵の滝を経て、❶高円バス停まで戻ればいい。なお、A・Bコース分岐すぐ先の東仙分岐からAコースを下ってもいい。下山したところは樹齢約1000年といわれる大イチョウで知られる菩提寺で、ここから高円バス停までは1時間ほど。また、那岐山を望むなら滝山を往復するのもいい。往復で2時間ほどだ。

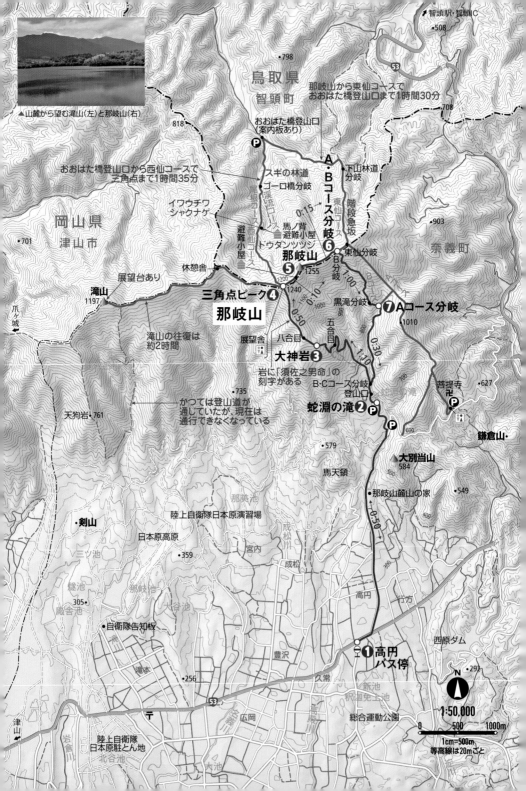

▲山麓から望む滝山（左）と那岐山（右）

鳥取県
智頭町

・798

・508

智頭駅・賀頼IC

・818

那岐山から東仙コースで
おおはた橋登山口まで1時間30分

・53

・708

おおはた橋登山口
（案内板あり）
P

岡山県
津山市

おおはた橋登山口から西仙コースで
三角点まで1時間35分

イワウチワ
シャクナゲ

・701

スギの林道
ゴーロ橋分岐
西流コース
0:15
馬ノ背
避難小屋
ドウダンツツジ

A・Bコース分岐
6

避難小屋

下山林道
分岐

階段急坂

東仙コース

・903

奈義町

休憩舎

那岐山
5
1255

東仙分岐

B分岐
1:00

展望台あり

滝山
1197

三角点ピーク
4
1240

1200

0:10

那岐山

那岐山の往復は
約2時間

爪ヶ城

展望舎

0:50

1190

黒滝分岐

1000

五合目

7 Aコース分岐
・1010

0:30

八合目

大神岩
3

1:10

・735

かつては登山道が
通じていたが、現在は
通行できなくなっている

岩に「須佐之男命」の
刻字がある

B・Cコース分岐
登山口

菩提寺
卍

・627

P

天狗岩・761

蛇淵の滝
2
P

P

鎌倉山・

・579

・600

大別岩山
584

馬天領

・500

那岐山麓山の家

・549

那岐池

陸上自衛隊日本原演習場

日本原高原

・剣山

三ツ池

・359

成
松
山

0:50

宮内

成松

燈池

那岐池

・305

廐舎池

・自衛隊告知板

豊沢

高円

・行方

西原ダム

・292

滝本

・256

久養

新池

釈迦免上池

1
高円
バス停

総合運動公園

N

1:50,000

〒

津山

陸上自衛隊
日本原駐とん地

岩倉川

北谷川

広岡

大池

53

0   500   1000m

1cm＝500m
等高線は20mごと

63

ブナの原生林とアルペン的な風貌をもつ中国地方随一の名峰

大山
<だいせん>

大山寺→六合目避難小屋→弥山→行者谷別れ→元谷→大山寺

標高 **1709m**
(弥山)
鳥取県
前夜泊・日帰り

総歩行時間	**5時間**	総歩行距離	**7.9km**	累積標高差	登り	**1020m**	登山レベル	**中級向**	体力	★★☆☆
					下り	**1020m**			技術	★★☆☆

▲夏の大山北壁。中央が剣ヶ峰で、右が弥山

公共交通機関
●往復：JR山陰本線米子駅▶日本交通バス約50分・730円▶大山寺

マイカー
●米子自動車道溝口ICから県道45号・158号経由で約10km。大山寺周辺に駐車場あり（冬期は有料）。

ヒント
●大阪発米子行き高速バスも便利。夜行便は1便、所要約5時間・4900円（日本交通 ☎06-6576-1181）。マイ

カー利用ならば、ぜひ鍵掛峠に立ち寄りたい。南壁の好展望地だ。桝水原から環状道路を南東に約5km。

問 合 せ
大山町観光商工課 ☎0859-53-3110
大山町観光案内所 ☎0859-52-2502
日本交通米子営業所 ☎0859-33-9116

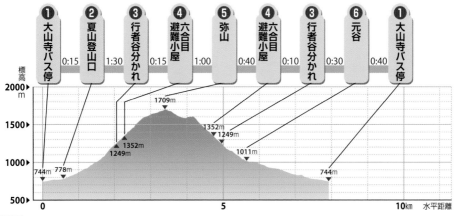

① 大山寺バス停 0:15 ② 夏山登山口 1:30 ③ 行者谷分かれ 0:15 ④ 六合目避難小屋 1:00 ⑤ 弥山 0:40 ④ 六合目避難小屋 0:10 ③ 行者谷分かれ 0:30 ⑥ 元谷 0:40 ① 大山寺バス停

標高 m 2000 1500 1000 500

1709m
1352m
1249m
1352m
1249m
1011m
744m
778m
744m

0 5 10km 水平距離

▲ダイセンキャラボクの純林帯を行く。植生保護の木道をたどって山頂へ

大山登山のメインコースをゆく
ブナの原生林と雄大な展望が魅力

概要 大山の西面は伯耆（出雲）富士の名をもつ優美なトロイデ。一方、南北両面は荒々しい崩壊壁で、見る方角により印象が異なる。最高点は剣ヶ峰だが、一般には弥山が山頂とされる。日程が許せばユートピアにも足を延ばすとよい。夏は大山を代表するお花畑が広がる。

コース **❶大山寺バス停**からみやげ物店の通りを抜け、大山寺橋を渡って少し行くと**❷夏山登山口**がある。歴史を感じる宿坊跡の石段を登った先が阿弥陀堂。ここから山道に変わり、ブナやミズナラの林を緩やかに登る。三合目あたりから勾配も

増し、木や石で組まれた階段が続く。あたりはブナの原生林で、年輪を刻んだ古木が見事だ。五合目の先に**❸行者谷分かれ**があり、やがて低木帯となって**❹六合目避難小屋**に着く。北壁が間近に迫り、秋は元谷や宝珠尾根の紅葉が見事だ。

ここからはガレ場の登りが続く。足もとに注意して登ろう。八合目の先を登るともう山頂台地の一角だ。ここにはダイセンキャラボクの純林帯が広がり、夏は草地の斜面にシモツケソウやクガイソウが咲き乱れる。**❺弥山**山頂へは植生保護の木道をたどる。

山頂からの眺望は、北は日本海、南は中国山地の山並みが重なる。東は三角点ピークの先に最高

▲夏山登山道三合目あたり

▲この山の名が付いたダイセンキスミレ

峰の剣ヶ峰へとヤセ尾根が続くが、縦走路は崩壊
が激しくすでに廃道化されている。危険なので立
ち入らないこと。
　雄大な眺めを満喫したら山頂を周遊して、帰り
は❸行者谷分かれから元谷に下ろう。急坂には丸
太の階段が組まれ、ブナの林を一気に高度を下げ
る。❻元谷は明るいガレ沢で、奥には北壁が屏風
を立てたようにそびえる。ここには落ち着いた雰
囲気の避難小屋と水場がある。❶大山寺バス停へ
は堰堤の右岸から谷沿いに下り、大神山神社奥
宮、大山寺本堂へと参詣道をたどる。

▲大山を倒影する岡成池は桜の名所でもある

ジャージー牛が草を食む牧歌的な雰囲気が人気

蒜山
（ひるぜん）

道目木 → 下蒜山 → 中蒜山 → 上蒜山 → 蒜山高原

標高 **1202**m
（上蒜山）

岡山県・鳥取県
前夜泊・日帰り

総歩行時間	**6時間20分**	総歩行距離	**16.3**km	累積標高差	登り **1340**m 下り **1234**m	登山レベル	**中級向**	体力 ★★★☆ 技術 ★★☆☆

▲南山麓からの蒜山。左から上蒜山、中蒜山、下蒜山

公共交通機関

●行き：JR姫新線中国勝山駅▶真庭市コミュニティバス約1時間・200円▶道目木 ●帰り：蒜山高原▶真庭市コミュニティバス約1時間20分・200円▶中国勝山駅
※列車、バスともに本数が少なくマイカーが便利。

マイカー

●米子自動車道蒜山ICから国道482号経由で約12km。犬挟峠に無料駐車場あり。下山後はタクシーで戻る。

●大阪梅田発米子行き高速バスが1日4～6便（うち夜行1便）ある。江府ICバス停から休暇村蒜山高原へ送迎（要予約）あり。

問合せ

真庭市蒜山振興局総務振興課 ☎ 0867-66-2511
蒜山観光協会 ☎ 0867-66-3220
真庭市コミュニティバス ☎ 0867-42-1017
蒜山運送（タクシー） ☎ 0867-66-5570

ヒント

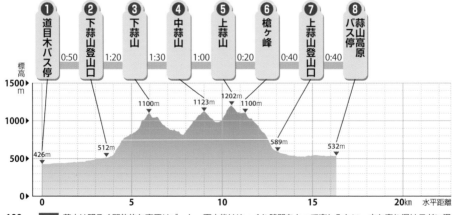

❶道目木バス停 0:50 ❷下蒜山登山口 1:20 ❸下蒜山 1:30 ❹中蒜山 1:00 ❺上蒜山 0:20 ❻槍ヶ峰 0:40 ❼上蒜山登山口 0:40 ❽蒜山高原バス停

標高 m
1500▶
1000▶
500▶
0▶

426m 512m 1100m 1123m 1202m 1100m 589m 532m

0 5 10 15 20km 水平距離

欄外情報 蒜山は明るく開放的な高原リゾート。下山後はゆっくり時間をとって楽しみたい。立ち寄り湯はラドン温泉（休暇村蒜山高原内☎0867-66-2501）、蒜山やつか温泉快湯館（☎0867-66-2155）など。

雄大な高原風景に広がるおおらかな山容
明るいササ原の尾根で結ぶ三座縦走

▲雲居平付近のササ原を登る

概 要 大山隠岐国立公園内の山。のどかな蒜山高原の北に3つの峰がゆったりと並び「蒜山三座」の名で親しまれている。上蒜山は槍ヶ峰からの展望がよい。中蒜山のユートピアや下蒜山の雲居平は印象的なササ原だ。暑い夏は避け、春や秋のよい時期に登りたい。

コース ❶道目木バス停から車道を北に県境の犬挟峠を目指す。草原状の❷下蒜山登山口から樹林に入ると、やがて尾根の末端部に出て階段状の登りが続く。単調な登りだが視界が開けると雲居平。一面ササの緩斜面の先に下蒜山を望み、春はカタクリが道端を彩る。

ササ原を抜けて山頂への登りに取りつく。八合目あたりはところどころクサリやロープの固定された急登が続く。一歩一歩呼吸を整えながら登ろう。やがて勾配が緩くなって❸下蒜山だ。山頂からの展望は三座中随一で、中・上蒜山の奥に大山や烏ヶ山を一望できる。

中蒜山へは尾根がいったん北西に回り込み、南西方向にササ原を下る。カラマツや小灌木の尾根をたどり、吊り尾根状に樹林を抜けると最低鞍部のフングリ乢だ。ひと息入れてヒノキの植林帯とササの急斜面を登り返そう。塩釜への分岐に出ればもう❹中蒜山だ。

中蒜山から北西方向に樹林を少し下るとユートピアと呼ばれる草原が開ける。正面にはブナに覆われた上蒜山を望み、秋はササ原の緑に紅葉がいっそう映える。鞍部まで下り、ブナ林の急坂を登りつめると❺上蒜山山頂。北西の尾根上にある三角点も展望は良くない。

下山は南西にブナの尾根をたどる。八合目のコブ（❻槍ヶ峰）まで下ると、北西は大山方面、東は中蒜山と眺めがよい。滑りやすい土質に注意して草原を下り、スギ林を抜けると❼上蒜山登山口だ。❽蒜山高原バス停へは牧場脇を上蒜山スキー場跡に下り、車道をたどる。

中国・四国［中国］

適期…4月中～11月下　花・大展望

緑豊かなブナの純林をたどる出雲神話の山

比婆山
（ひばやま）

標高 1299 m
（立烏帽子山）

広島県

前夜泊・日帰り

県民の森公園センター → 烏帽子山 → 比婆山 → 立烏帽子山 → 県民の森公園センター

総歩行時間	総歩行距離	累積標高差	登山レベル	体力 / 技術
4時間50分	**9.9km**	登り **800m** / 下り **800m**	**初級向**	体力 ★★☆☆ / 技術 ★☆☆☆

▲北東の毛無山から見た比婆山（左）・烏帽子山（右）・吾妻山（右奥）

公共交通機関

●往復：JR芸備線備後落合駅▶タクシー約20分・約4000円▶県民の森公園センター　※県民の森までのバス便はないのでマイカー登山向き。

マイカー

●中国自動車道東城ICから国道314号・183号、県道256号経由で約38km。県民の森に無料駐車場あり。

ヒント

●県民の森公園センターは売店やレストラン、入浴、宿泊、キャンプ、スキーなど多目的に利用できる。宿泊利用だと最寄りとなる備後落合駅からの送迎もある（2人以上）。

問合せ

ひろしま県民の森公園センター ☎0824-84-2020
道後タクシー ☎08477-5-0073

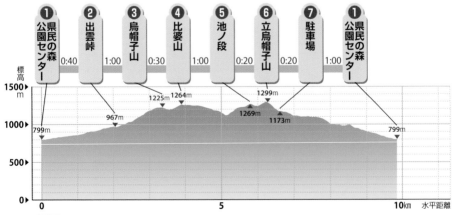

❶ 県民の森公園センター		❷ 出雲峠		❸ 烏帽子山		❹ 比婆山		❺ 池ノ段		❻ 立烏帽子山		❼ 駐車場		❶ 県民の森公園センター
	0:40		1:00		0:30		1:00		0:20		0:20		1:00	

標高 1500m　1225m　1264m　1299m
967m　1269m　1173m
799m　799m

0　　　　　5　　　　　10km　水平距離

欄外情報　県民の森の西エリアには日本三百名山の吾妻山があり、比婆山と合わせて山行を楽しみたい。観察できる花が多く、登山口の池の原から短時間で山頂往復ができるので小さな子ども連れに最適。

▲比婆山山頂に祀られているイザナミの陵墓

▲池ノ段への登り。奥の山は吾妻山(左)と比婆山(右)

水源の森百選のブナの森と草原状の山頂
たおやかな尾根で結ぶゆったりコース

概 要 比婆道後帝釈国定公園に属する山。古事記にイザナミを葬った山として登場する比婆山をめぐるポピュラーコース。一帯のブナ純林は太平洋型と日本海型両方の植生を交えたもので、国の天然記念物。県民の森は四季楽しめるリゾート地で、コースはよく整備されている。

コース ❶**県民の森公園センター**から管理道を北西に進み、第3キャンプ場あたりからブナの林を沢沿いに登ってゆく。緩やかな登りは途中、毛無山への分岐を2つ過ぎて❷**出雲峠**に着く。ここにはあずま屋があり、初秋の頃は草付斜面が一面マツムシソウに覆われる。

峠から分岐を南西にとり、ヒノキの植林やブナの林を登る。やがて小灌木帯を抜けて草原状の❸**烏帽子山**に着く。烏帽子岩に立てば、西は大膳原の草原をはさんで吾妻山、南は比婆山の丸い頂が見える。

❹**比婆山**(御陵)へは、吾妻山との分岐を南にとって鞍部へ下り、ブナの美林を緩やかに登ってゆく。あたりは老大木も多く、点在する巨岩が取り合わせの妙を見せる。山頂にはイザナミの陵墓と伝えられる苔むした巨石がスギの大木やブナに囲まれ祀られている。

▲秋の池ノ段はホツツジの紅葉が鮮やか

御陵からさらに南へ越原越と呼ばれる鞍部を目指して緩やかに下る。途中、公園センターへのコースや立烏

帽子山の巻き道などが分岐するが、尾根伝いにブナの林と小灌木の急坂を登り返すと❺**池ノ段**だ。ここは尾根上の小さなコブだが、北は比婆山、目を少し東に移せば大山まで見渡せ、季節ごとに花々の咲き乱れる別天地だ。

ひと休みしたら東の鞍部に下り、最高峰の❻**立烏帽子山**に登ろう。越えてきたばかりの池ノ段の草付斜面が美しい。

帰路は❼**駐車場**まで下り、標識に従ってブナとササの尾根を北東にたどる。展望園地を過ぎるとどんどん高度を下げてゆき❶**県民の森公園センター**に着く。

上級
中級
初級
入門

島根県
奥出雲町

1:50,000
0 500 1000m
1cm=500m
等高線は20mごと

伊良谷山
1149

出雲峠❷
1144
毛無山
あずま屋
第3キャンプ場
大膳原

県民の森
公園センター❶

❸
烏帽子山
1225
吾妻山

0:30
❹比婆山
(御陵)
1264
県民の森スキー場

比婆山のブナ純林

展望園地

比婆山

越原越

立烏帽子山
❻
1299

池ノ段❺
1279

0:20

❼駐車場

広島県
庄原市

備後落合駅・西城

西城
竜王山

緑濃く高原情緒いっぱいの出雲国引き神話の山

三瓶山
（さんべさん）

東の原→女三瓶山→男三瓶山→子三瓶山→孫三瓶山→東の原

標高 **1126m**
（男三瓶山）
島根県
前夜泊・日帰り

総歩行時間	**5時間10分**	総歩行距離	**9.4km**	累積標高差	登り **1013m** 下り **1013m**	登山レベル	**初級向**	体力 ★★☆☆☆ 技術 ★★☆☆☆

▲西方の浮布池に倒影する三瓶山

公共交通機関
●往復：JR山陰本線大田市駅▶石見交通バス約50分・1060円▶東の原

マイカー
●中国自動車道三次ICから国道375号・183号・54号・184号、県道40号経由で約63km。東の原に無料駐車場あり。

ヒント
●JR大田市駅から三瓶山方面行きバスは本数が限られ

ており、レンタカーかマイカー利用がよい。観光リフト（10分・往復750円）は4～11月の営業で火曜休。

問合せ
大田市観光協会 ☎0854-88-9950
島根県立三瓶自然館サヒメル ☎0854-86-0500
三瓶温泉 国民宿舎さんべ荘 ☎0854-83-2011
石見交通大田営業所 ☎0854-82-0662
三瓶観光リフト ☎0854-83-2020

適期…4月中～11月下

日本二百名山・大展望・立ち寄り湯

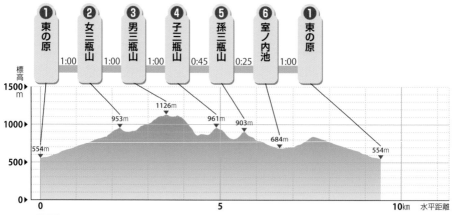

❶東の原 ─1:00─ ❷女三瓶山 ─1:00─ ❸男三瓶山 ─1:00─ ❹子三瓶山 ─0:45─ ❺孫三瓶山 ─0:25─ ❻室ノ内池 ─1:00─ ❶東の原

標高 1500m / 1000m / 500m / 0m

554m ／ 953m ／ 1126m ／ 961m ／ 903m ／ 684m ／ 554m

水平距離 0 ～ 5 ～ 10km

欄外情報 北の原の三瓶自然館サヒメルはビジターセンターを兼ねた自然系博物館。近くの姫逃池ではアヤメが初夏を彩る（6月上旬）。南麓には三瓶温泉、西方には世界遺産に登録された石見銀山がある。

▲男三瓶山から望む子三瓶山(手前)と孫三瓶山

ファミリーの名を持つ山々をひとまわり
室ノ内池を絡めたハイライトコース

概要 出雲風土記の「国引き神話」で知られる三瓶山。白山火山帯に属するトロイデで、瓶をふせたような4つの峰が旧火口底を囲んで連なる。高原状の山頂と植物相豊かな自然林がみどころだ。中腹が紅く色づき、ススキの穂が逆光に揺れる秋がベストシーズン。

コース ❶東の原から女三瓶山の南側鞍部を目指して牧草地の小道を登る。観光リフトを利用すれば鞍部から少しの登りで❷女三瓶山に立てる。山頂はアンテナが林立して味気ないが、目の前にはどっしりとした主峰の男三瓶山。室ノ内にかけて扇状に広がる自然林や、子三瓶山、孫三瓶山の優しい山容も印象的だ。

男三瓶山へはササ原の尾根を北西の鞍部に下

▲ススキの原越しに見上げる男三瓶山

り、兜山の小さなコブを越えてゆく。やがて犬戻しと呼ばれるガレ場を過ぎてブナの樹林を登ると避難小屋のある❸男三瓶山だ。一等三角点が置かれ、一面ススキの原の山頂からは島根半島や大山まで一望できる。

雄大な展望を楽しんだら山頂部を南西に少したどり、西の原コースとの分岐を南にとって急坂を一気に下る。鞍部で扇谷分岐を過ぎ、赤雁山の小さなコブを越えて登り返すと❹子三瓶山に着く。高原状の山頂は手頃な広さで、西に浮布池を望む

▲孫三瓶山への登り。バックは男三瓶山(右)と子三瓶山(左)

▲夜明けを迎える三瓶山

ことができる。

　子三瓶山から南東に下った鞍部は風越と呼ばれ、室ノ内池や三瓶温泉への分岐がある。ここを直進してジグザグに少し登れば❺孫三瓶山。振り返ると男性的な男三瓶山と台地状の優しい子三瓶山が好対照だ。

　帰路は山頂から尾根を東にたどり、奥ノ湯峠の分岐を左にとって室ノ内に下ろう。その平坦な旧火口の南端には❻室ノ内池が静かに佇み、付近には鳥地獄と呼ばれる二酸化炭素の噴出口もある。池から北東へ大平山を目指して登り、リフト駅経由で❶東の原に下る。

　なお三瓶山には、ここで紹介したコース以外に、北麓の姫逃池を起点にした男三瓶山への最短コースである姫逃池登山道や、国指定天然記念物の三瓶山自然林を歩く名号登山道、見晴らしのすぐれた登山道を男三瓶山に登る西の原登山道、三瓶温泉付近から孫三瓶山に登る女夫松登山道などバラエティに富んだコースが多い。姫逃池登山口や名号登山口には三瓶自然館サヒメル、西の原登山口

には山の駅さんべ、女夫松登山口には立ち寄り温泉が楽しめる国民宿舎さんべ荘など、山麓もそれぞれに魅力がある。

　三瓶山は動植物も豊富で、秋の三瓶山を代表する花、ヤマラッキョウや、夏の渡り鳥であるツツドリ、冬の渡り鳥であるミヤマホオジロなど数多くの花や野鳥を目にすることができる。登山も山麓もたっぷり楽しみたい山だ。

▲ヤマラッキョウ（左）とヒトリシズカ

花と平家伝説に彩られた西日本第2位の高峰

剣山

（つるぎさん）

見ノ越→西島→大剣神社→剣山→刀掛ノ松→西島→見ノ越

標高	1955m

徳島県
日帰り

総歩行時間	**2時間50分**	総歩行距離	**5.4km**	累積標高差	登り	**590m**	登山レベル	**入門向**	体力	★☆☆☆
					下り	**590m**			技術	★☆☆☆

▲一ノ森から見た剣山と次郎笈(左)

公共交通機関

●往復：JR徳島線貞光駅▶つるぎ町営バス約1時間40分・3000円（つづろお堂乗り換え）▶見ノ越／JR土讃線大歩危駅▶四国交通バス約1時間10分・1240円▶久保▶三好市営バス約50分・1380円▶見ノ越　※バスは運行日に注意。

マイカー

●徳島自動車道美馬ICから国道438号経由で約44km。見ノ越に無料駐車場あり。

ヒ　ン　ト

●大阪を早朝に出ればマイカーでの日帰りも可能。

問　合　せ

三好市観光戦略課 ☎0883-72-7620
三好市東祖谷総合支所（市営バスも）☎0883-88-2212
美馬市木屋平総合支所 ☎0883-68-2113
つるぎ町営バス ☎0883-62-3111
四国交通バス ☎0883-72-1231

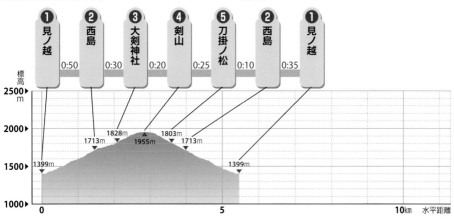

❶ 見ノ越	0:50	❷ 西島	0:30	❸ 大剣神社	0:20	❹ 剣山	0:25	❺ 刀掛ノ松	0:10	❷ 西島	0:35	❶ 見ノ越

標高 m
2500m
2000
1500
1000

1399m　1713m　1828m　1955m　1803m　1713m　1399m

0　　　　5　　　　10km　水平距離

欄外情報　バスの場合は便数が少ないのでリフトを利用し時間短縮を。4月中旬～11月末運行で所要約15分、片道1050円（剣山観光登山リフト☎0883-62-2772）。山小屋に宿泊すればゆったりとした山行を楽しめる。

▲平家の馬場と称する山頂に出たら、木道に導かれ最高所の三角点へ

安徳天皇ゆかりの名水でのどを潤し
キレンゲショウマを観賞する定番コース

概要 日本百名山の一つ剣山は、石鎚山（P144）に次ぐ西日本第2位の高峰。山容は丸みを帯び、比較的穏やかで、とりわけ山頂は平家の馬場と称される台地を形成している。山名の由来は諸説あるが、山頂の宝蔵石に安徳天皇の剣を納めたという説が有力視されている。

コース ❶見ノ越の剣神社の石段から登山開始となる。ほどなく登山リフト下のトンネルをくぐっ

てすぐ道が左右に分かれる。どちらも西島に通じるが右は迂回路で、ここは左にとるのが一般的。ブナの天然林を折り返し❷西島着。リフト駅前広場に休憩所やトイレがあり、観光客もチラホラ。西に端整な三嶺が望める。

ひと息いれたら、西島から山頂に至る3本のコース中、大剣神社経由の大剣コースを行く。剣の名の由来とされる御塔石がこのコースのみどころだ。❸大剣神社の御神体でもある巨岩の根元から名水百選の御神水が湧きだし、祖谷におちのびた

▲登山リフト終点の西島駅。ここから大剣コースを行く

▲御神体の巨岩がそびえる大剣神社

▲木道の敷かれた剣山の山頂部

安徳天皇がこの水で髪を禊いだという。平家伝説に思いを馳せ、ミネラルたっぷりの清水を味わうとよい。

　トラバース気味に高度を上げ、鳥居をくぐると宝蔵石神社（剣山本宮）に隣接して頂上ヒュッテが立っている。階段を上がれば平家の馬場と称される山頂台地だ。台地を縦断する木道に導かれ最高所の❹剣山三角点へ。まさに天空を行く気分。夏はシコクフウロやタカネオトギリが迎えてくれる。一等三角本点を置く頂からの展望はすこぶる

いい。なかでも美しい山容の次郎笈がひときわ目をひく。

　下山は西島まで尾根コースをとる。鳥居の先で大剣コースと分かれ尾根をたどると❺刀掛ノ松に出る。安徳天皇が刀をかけたという伝説の松は、今はもちろん影も形もない。行場に通じる横道を行くとキレンゲショウマの群生地に行き着く。❷西島へ下りたらあとは❶見ノ越まで往路を戻るかリフトで下る。

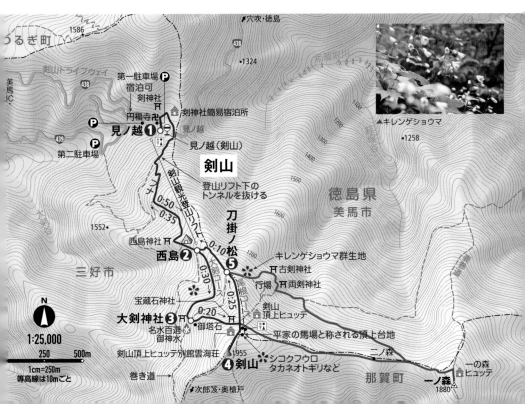

▲キレンゲショウマ

1:25,000
250　500m
1cm=250m
等高線は10mごと

美しい山容と豊かな自然を誇る剣山系の名峰

三嶺
みうね・さんれい

名頃 → ダケモミの丘 → 三嶺 → ダケモミの丘 → 名頃

標高 **1894** m
徳島県・高知県
前夜泊・日帰り

| 総歩行時間 | **6時間** | 総歩行距離 | **9.8** km | 累積標高差 | 登り **1055** m 下り **1055** m | 登山レベル | **中級向** | 体力 ★★☆☆ 技術 ★★☆☆ |

適期…4月下〜11月上

日本二百名山・花・大展望

▲三角点から剣山(中央)と次郎笈(中央右)を望む

公共交通機関

●往復：JR土讃線大歩危駅▶四国交通バス約1時間10分・1240円▶久保▶三好市営バス約25分・230円▶名頃　※市営バスは通年運行ではないので運行日に注意。

マイカー

●徳島自動車道美馬ICから国道438号・439号経由で約54km。三嶺林道入口の県営駐車場(無料)を利用。

ヒント

●大阪を早朝に出ればマイカーでの日帰りも可能。宿

泊するなら、北麓にいやしの温泉郷(☎0883-88-2975・2023年2月現在休業中)などがある。便数が少ないので行き帰りともバスを利用するのは困難。名頃バス停三嶺林道入口の県営駐車場にトイレがあるので登山前に活用を。

問合せ

三好市東祖谷総合支所(市営バスも)☎0883-88-2212
四国交通バス☎0883-72-2171

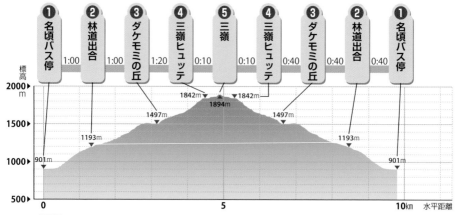

❶名頃バス停 — 1:00 — ❷林道出合 — 1:00 — ❸ダケモミの丘 — 1:20 — ❹三嶺ヒュッテ — 0:10 — ❺三嶺 — 0:10 — ❹三嶺ヒュッテ — 0:40 — ❸ダケモミの丘 — 0:40 — ❷林道出合 — 0:40 — ❶名頃バス停

標高 m
2000
1500
1000
500

901m　1193m　1497m　1842m　1894m　1842m　1497m　1193m　901m

0　5　10km　水平距離

欄外情報　三嶺・天狗塚間のミヤマクマザサとコメツツジ群落は国の天然記念物。三嶺ヒュッテは無人小屋のため、利用時は食料や寝具などを持参する。水場はダケモミの丘方面に10分ほど下ったところにある。

ミヤマクマザサとコメツツジ群落が山上に絶景のタペストリーを織りなす

概要 徳島・高知県境に位置する三嶺（両県とも地域によって「みうね」「さんれい」の呼び方がある）は、両県はもとより四国を代表する名峰の一つで、一般にはコメツツジの山として名高い。二重山稜の山頂部はミヤマクマザサに覆われ、その一角に三嶺のシンボル、すりばち状の池が水面を広げる。展望にもすぐれ、まさに別天地の感がある。

コース 登山口は三嶺林道の入口と終点の2ヵ所。林道が全線車両通行禁止になって以後、前者が三嶺登山口として定着している。ここでは最もポピュラーな山頂往復コースを紹介する。

バス利用の場合、❶名頃バス停から100mほど先の祖谷川にかかる橋を渡り三嶺林道に入る。県営駐車場のある登山口から尾根に取り付く。急斜面の樹林の中を登ると❷林道出合。林道を左に進むと、すぐ右に登山道入口がある。再び登山道に入り、標高を上げていく。やがて道の両側にシカ除けの柵が現れると❸ダケモミの丘に着く。山腹を絡む

▲頂上三角点下の緩斜面に避難小屋と池がある

▲小さな花のコメツツジ

ように進むと尾根に乗り、ここで右に大きく進路を変えて尾根伝いに高度をかせぐ。やがて樹林が切れ、高知県境の山々、ふりかえると剣山、次郎笈が望めるようになる。尾根をはずれササの斜面を折り返し、山頂の池に出る。急登のあとだけにほっとする瞬間だ。池は年中涸れることがなく、三嶺のイメージアップにひと役買っている。池のほとりにこぎれいな避難小屋、❹三嶺ヒュッテが立っている。

❺三嶺三角点頂上へは避難小屋と反対方向に進む。山頂はミヤマクマザサの緩斜面だが、南側は見事に切れ落ちている。頂上は360度のパノラマがほしいまま。石鎚山や太平洋も望め、眼下には平家の隠れ里、東祖谷地区も俯瞰できる。絶景を堪能したら帰りは来た道を引き返す。

特産のオトメシャジンに代表される高山性植物の宝庫

東赤石山
（ひがしあかいしやま）

筏津登山口 → 瀬場谷分岐 → 赤石山荘 → 東赤石山 → 瀬場谷分岐 → 筏津登山口

標高 1706 m
愛媛県
前夜泊・日帰り

総歩行時間	5時間35分	総歩行距離	9.1 km	累積標高差	登り 1171m 下り 1171m	登山レベル	中級向	体力 ★★☆☆ 技術 ★★☆☆

▲ゴヨウマツとクロベに覆われた東赤石山

適期…4月中〜11月中

日本二百名山・花・大展望

公共交通機関

●JR予讃線新居浜駅▶地域バス約1時間5分・400円▶筏津　※バスは9人乗りで予約制、1日3便。往復ともバスを利用するのは困難で、タクシー併用が望ましい。

マイカー

●松山自動車道三島川之江ICから国道11号・319号、県道6号経由で約35km。登山口対岸に無料駐車場あり。

ヒント

●大阪を早朝に出ればマイカーでの日帰りも可能だが、

新居浜や伊予三島市街で前泊すれば余裕のある山行となる。別子山地域バスは筏津周辺では自由乗降となる。

問合せ

新居浜市別子山支所 ☎ 0897-64-2011
別子山地域バス ☎ 0897-43-7563
光タクシー（新居浜駅）☎ 0897-43-7077
宇田タクシー（伊予三島駅）☎ 0896-24-2525

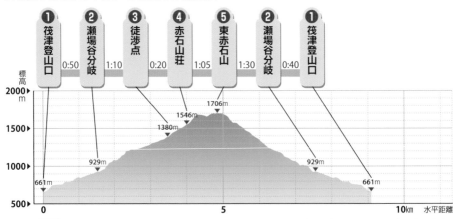

❶筏津登山口 ─0:50─ ❷瀬場谷分岐 ─1:10─ ❸徒渉点 ─0:20─ ❹赤石山荘 ─1:05─ ❺東赤石山 ─1:30─ ❷瀬場谷分岐 ─0:40─ ❶筏津登山口

欄外情報 四国中央市側からのルートとして、河又〜権現越〜東赤石山、東赤石登山口〜赤石越〜東赤石山などがある。

▲東赤石山の奇岩

▲赤石山荘からロックガーデンを直登し八巻山へ

ロックガーデンに咲き誇る花をめで
アルペンムード漂う岩稜を歩く

概要 花の百名山の一つ、東赤石山は、地下深部のかんらん岩が隆起してできた山である。かんらん岩は風化すると赤みを帯び、これが「赤石」の名の由来。山頂部は四国でめずらしく険しい岩稜を成し、アルペン気分が味わえるほか、多くの高山植物を観賞できる。

コース 登山口は❶筏津登山口のほか瀬場にもあり、豊後で両コースが一緒になる。❷瀬場谷分岐で赤石山荘コース（新道）と山頂直登コース（旧道）に分かれ、ここでは時計まわりの周回コースをとる。しばらく瀬場谷の横ガケ道が続くので慎重に足を運ぼう。緩急を繰り返し次の橋を渡り、さらに支流と本流、2度徒渉して❸徒渉点で左岸（進行方向右側）に出る。

モミ、ツガ林を登りぬけると荒々しい八巻山の岩峰が現れる。赤茶けたかんらん岩の肌は迫力満点。赤石ならではの表情だ。石室越と権現越を結ぶ巻き道を左にとれば、じき❹赤石山荘（2023年2月現在閉鎖中）だ。山荘周辺のロックガーデン、通称天狗ノ庭には特産のオトメシャジン以下、種々の花々が咲き乱れる。休憩ついでにカメラに

収めるとよい。

山荘からは八巻山経由で赤石越を経て東赤石山へ向かう。登るにつれ八巻山の巨大な岩塊が迫る。前途が思いやられるが、いったん鞍部に出て北側の巻き道を行くので、さして困難ではない。祠が鎮座する八巻山頂上に立つと、クロベとゴヨウマツに包まれた東赤石山が指呼の間。タカネマツムシソウとシコクギボウシが咲く岩稜を下り、赤石越から登りかえせば❺東赤石山山頂に到着。石鎚山や瀬戸内海が望める。ちなみに三角点はもう少し先に置かれている。

下山はトラバース道から旧道に入る。しばらくタカネバラが沿道を彩る。植林地に入り、滝の上部を徒渉して❷瀬場谷分岐に出たら、あとは往路を戻り❶筏津登山口へ。

▲道端に咲く東赤石の代表花、オトメシャジン

長大なクサリ場を有し、古くから信仰登山が盛んな西日本最高峰

石鎚山
（いしづちさん）

石鎚土小屋 → 弥山 → 天狗岳 → 夜明峠 → 成就 → 山頂成就駅

標高 **1982** m	（天狗岳）
愛媛県	
前夜泊・日帰り	

中国・四国［四国］

総歩行時間	4時間45分	総歩行距離	8.7km	累積標高差	登り 824m 下り 1033m	登山レベル	中級向	体力 ★★☆☆ 技術 ★★☆☆

▲コース途中の眺望ポイントから石鎚山の全容を仰ぎ見る

公共交通機関
●行き：JR予讃線松山駅▶JR四国バスから久万で伊予鉄南予バスに乗り継ぐ▶土小屋　●帰り：山頂成就駅▶石鎚登山ロープウェイ8分・1050円▶山麓下谷駅／ロープウェイ前▶せとうちバス約1時間・1020円▶JR予讃線伊予西条駅

マイカー
●松山自動車道松山ICから国道33号・494号、県道12号経由で土小屋無料駐車場まで約80km。ロープウェイ山麓下谷駅の有料駐車場を利用してもよい。

ヒント
●アクセスについては、石鎚山系連携事業協議会運営の「石鎚山系公式WEBサイト」がたいへん詳しい。

問合せ
久万高原町 ☎0892-21-1111　西条市 ☎0897-56-5151
伊予鉄南予バス ☎089-948-3172　JR四国バス ☎089-943-5015
石鎚登山ロープウェイ ☎0897-59-0331
せとうちバス ☎0898-23-3881　面河タクシー ☎0892-21-1220

適期…4月中〜11月上

日本百名山・花・大展望・立ち寄り湯

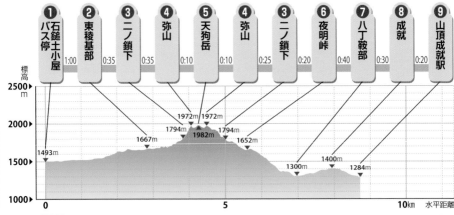

① 石鎚土小屋バス停 — 1:00 — ② 東稜基部 — 0:35 — ③ ニノ鎖下 — 0:35 — ④ 弥山 — 0:10 — ⑤ 天狗岳 — 0:10 — ④ 弥山 — 0:25 — ③ ニノ鎖下 — 0:20 — ⑥ 夜明峠 — 0:40 — ⑦ 八丁鞍部 — 0:30 — ⑧ 成就 — 0:20 — ⑨ 山頂成就駅

標高 m
2500
2000
1500
1000

1493m　1667m　1794m　1972m 1972m　1982m　1794m　1652m　1300m　1400m　1284m

0　　　　　5　　　　　10km　水平距離

欄外情報 マイカーの場合は駐車場〜山頂の往復となる。アケボノツツジの見頃は例年5月中旬、紅葉は山頂が10月初旬、中腹が中旬〜下旬。

▲弥山から紅葉に彩られた西日本最高峰の天狗岳を望む

一番人気の最短コースから山頂を極め ブナ原生林の表参道を下る

概要 数ある石鎚登山コースのなかで、土小屋コースが最も手軽で花にも恵まれ人気を集めている。一方、西之川コース（表参道）は4ヵ所のクサリ場に象徴される石鎚信仰の大動脈。両者を結ぶ本コースは変化に富み、石鎚の魅力を余すところなく伝えてくれる。

コース ❶石鎚土小屋バス停のロータリー中央に設けた植え込みに、標高一四九二(いよのくに)mと刻まれたシンボリックな標石が立っている。バ

スを降り、その標石を右に見送り車道沿いに進むと、石鎚神社の裏側に登山口が見えてくる。ウラジロモミの林を尾根伝いに進み、鶴ノ子ノ頭はブナ林の巻き道を行く。最初の休憩ポイント、第1ベンチまで顕著な登降もなく、快調に歩を進める。

次の休憩ポイント、第2ベンチはゴヨウマツの大木の下。これより❷東稜基部（第3ベンチ）までの間、アケボノツツジが多く見られ、春、沿線は華やかな雰囲気に包まれる。東稜基部から天狗岳直下をトラバースして❸二ノ鎖下で表参道に合流するが、この区間は大小4本のルンゼを横切るので落石に気をつけよう。各ルンゼではミソガワソウ、ナンゴククガイソウ、トサノミカエリソウなどたくさんの花が見られる。

二ノ鎖下から❹弥山へは、クサリ場と迂回路のどちらかを選択する。多少の危険を冒しても石鎚登山の醍醐

▲三ノ鎖を登る

▲成就に鎮座する石鎚神社成就社

145

味を味わいたいならクサリ場、安全優先なら迂回路。ここはそれぞれの判断に委ねよう。また弥山、天狗岳間の往復も岩稜伝いなので気を抜かないこと。西日本最高点の❺**天狗岳**頂上に立てば感動もひとしおだろう。

　下山は成就を目指して表参道を下る。4ヵ所のクサリ場はそれぞれ迂回路、巻き道を行く。❻**夜明峠**以降、ブナ原生林が残り紅葉が特に美しい。❼**八丁鞍部**を経て、神社と旅館がある❽**成就**からは広い遊歩道がロープウェイ乗り場の❾**山頂成就駅**まで導く。

column

山の宿情報

国民宿舎石鎚 ☎0897-53-0005（現地）、☎0892-58-2111（期間外）1泊2食9500円〜。4月上旬頃〜11月下旬頃営業。

土小屋白石ロッジ ☎0897-53-0007 1泊2食9500円。4月下旬頃〜11月下旬営業。

石鎚神社頂上山荘 ☎080-1998-4591 1泊2食9000円、素泊まり6000円。5月上旬頃〜11月上旬頃営業。

常住屋白石旅館 ☎0897-59-0032 1泊2食9300円、素泊まり6000円。通年営業。

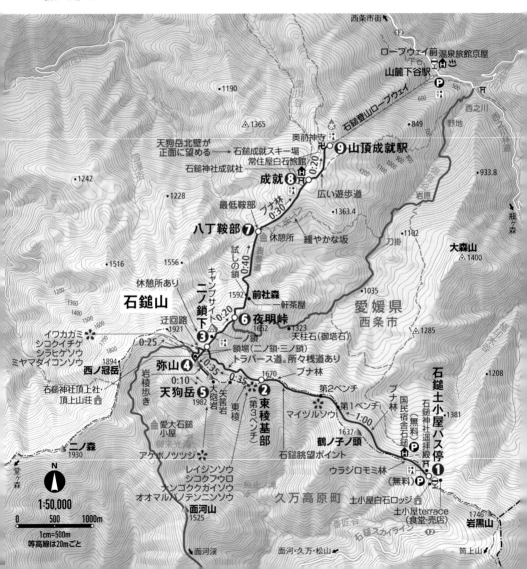

雲上の楽園、氷見二千石原を頂く四国屈指の人気峰

瓶ヶ森
かめがもり

西之川→常住→瓶ヶ森→台ヶ森鞍部→東之川→西之川

標高 **1897m**							
愛媛県 **前夜泊・日帰り**							

総歩行時間	**7時間**	総歩行距離	**13.9km**	累積標高差	登り **1673m** 下り **1673m**	登山レベル	**中級向**

体力 ★★★☆
技術 ★★☆☆

▲南西から見た瓶ヶ森（左）

公共交通機関
●往復：JR予讃線伊予西条駅▶せとうちバス約1時間・1040円▶西之川

マイカー
●松山自動車道いよ西条ICから国道11号、県道142号・12号経由で約28km。西之川バス停近くの大宮橋のたもとに有料駐車場あり。

ヒント
●旧寒風山トンネル南口から瓶ヶ森八合目まで山岳道路（町道瓶ヶ森線）が通じている。山頂へは瓶ヶ森駐車場から1時間足らずで、初級者におすすめ。ロープウェイ前に温泉旅館京屋があり日帰り入浴も可。

問合せ
西条市観光振興課 ☎0897-52-1690
せとうちバス営業課 ☎0898-23-3881

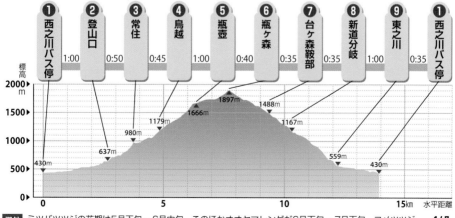

① 西之川バス停　1:00
② 登山口　0:50
③ 常住　0:45
④ 鳥越　1:00
⑤ 瓶壺　0:40
⑥ 瓶ヶ森　0:35
⑦ 台ヶ森鞍部　0:35
⑧ 新道分岐　1:00
⑨ 東之川　0:35
① 西之川バス停

標高m
2000m
1500m
1000m
500m
0m

430m
637m
980m
1179m
1666m
1897m
1488m
1167m
559m
430m

0　　　5　　　10　　　15km　水平距離

欄外情報 ミツバツツジの花期は5月下旬〜6月中旬。このほかオオヤマレンゲが6月下旬〜7月下旬、コメツツジは7月上旬〜下旬。

▲氷見二千石原に彩りをそえるツルギミツバツツジ

西之川から歴史ある参拝道をたどり
ミツバツツジ咲く頂で高原情緒を味わう

概要 瓶ヶ森の魅力は、何といっても山頂に広がる約70haのササ原、氷見二千石原。四国の山でこれほど大規模、かつゆるやかなササ原は他に例を見ない。一方で、山頂に蔵王権現を祀る信仰の山でもある。登路の西之川コースはその表参道として古くから親しまれている。

コース ❶西之川バス停を後に、名古瀬谷沿いの西之川林道を進み❷登山口へ。植林地を斜上後、ジグザグを重ねて❸常住に着く。今は空き地だが、以前ここに瓶ヶ森参拝の中継拠点、常住院が立っていた。シロジ谷に沿って登ると次第に傾斜が増

し、やがて❹鳥越に着く。ここにも休憩茶屋跡の空き地がある。右方向へ子持権現山に至る行場道が分かれるが、一般登山者は立ち入り禁止だ。

鳥越から❺瓶壺までは釜床谷をつめる。ブナやトチの大木が目立つ自然林のなか、苦しい登高を強いられる。辛抱強く高度を稼いだら、瓶壺の清水で疲れを癒やそう。目の前に美しいササ原が広がり、気分も晴れるだろう。ササ原に点在するミツバツツジと、雄大なロケーションを励みに❻瓶ヶ森（女山）に到着。ササ原越しに石鎚山から南東へ連なる岩黒、筒上、手箱の三山、それに続く土佐、阿波の山並みが墨絵のように折り重なる。また大気が澄んだ日は、瀬戸内海を隔て伯耆大山

▲芳香を放つオオヤマレンゲ

▲石鎚山の眺めは連峰随一

148

も遠望できる。

　大パノラマを堪能したら下山にかかろう。トラバース道まで引き返し、すぐ下のキャンプ場前から東之川コースに入る。ここは菖蒲峠に続くコースと間違えやすいので道標確認を怠らないこと。❼台ヶ森鞍部（だいがもりあんぶ）までいったん谷沿いに下り、アケボノツツジとシャクナゲのやせ尾根を伝う。❽新道分岐（しんどうぶんき）以降は植林地をひたすら下り❾東之川（ひがしのかわ）に出る。あとは車道をショートカットしながら❶西之川バス停（にしのかわていばすてい）へ戻ればよい。

▲瓶ヶ森駐車場付近から見上げた男山

中国・四国［四国］

適期…4月中〜11月下 日本三百名山・大展望・立ち寄り湯

手軽なうえに季節を問わず楽しめる展望絶佳の山

伊予富士
（いよふじ）

標高 1756 m

愛媛県・高知県
前夜泊・日帰り

旧寒風山トンネル南口 → 桑瀬峠 → 伊予富士 → 桑瀬峠 → 旧寒風山トンネル南口

総歩行時間	**3時間30分**	総歩行距離	**6.2km**	累積標高差	登り **799m** 下り **799m**	登山レベル	**初級向**	体力 ★★☆☆☆ 技術 ★☆☆☆☆

▲東に派生する支尾根を越すと伊予富士が目の前に現れる

公共交通機関
●最寄りのバス停まで遠く、マイカー登山向き。

マイカー
●松山自動車道いよ西条ICから国道11号・194号経由で約34km。登山口に無料駐車場あり。

ヒント
●旧寒風山トンネル南口から車で15分ほど先の町道瓶ヶ森線上にもう一つ登山口がある。ここからだと山頂までおよそ1時間。歩き足りなければ、西隣の東黒森と組み合わせてもよいだろう（鞍部の分岐から往復約35分）。なお、町道瓶ヶ森線は12〜3月の間全面通行禁止となる。

問合せ
いの町産業経済課 ☎088-893-1115
西条市観光振興課 ☎0897-52-1690

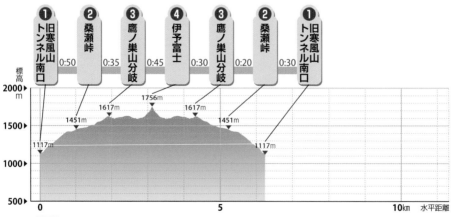

① 旧寒風山トンネル南口 — 0:50 — ② 桑瀬峠 — 0:35 — ③ 鷹ノ巣山分岐 — 0:45 — ④ 伊予富士 — 0:30 — ③ 鷹ノ巣山分岐 — 0:20 — ② 桑瀬峠 — 0:30 — ① 旧寒風山トンネル南口

標高
2000m — 1756m
1617m 1617m
1500m — 1451m 1451m
1117m 1117m
1000m
500m
0   5   10km 水平距離

欄外情報 最寄りの温泉として、高知県側の国道194号沿いの道の駅木の香に木の香温泉（☎088-869-2300）がある。日帰り入浴、宿泊可。火曜休。

古えの峠道から快適なササ尾根をたどり
石鎚連峰の絶景ポイントを訪ねる

概要 日本三百名山の一つで、桑瀬峠をはさんで寒風山と対峙。年中楽しめ、近年霧氷見物に訪れる人が増えつつある。山頂は独立峰並みの高度感があり、東西に連なる石鎚連峰、北に瀬戸内海、南に太平洋が望まれるなど、文字どおり絶好のビューポイントといえる。

コース ❶旧寒風山トンネル南口からしばらく急坂が続くので、車を降りたら体を十分ほぐしておこう。桑瀬峠までシデやナラ類の雑木が占め、眺望は期待できないものの、時期が合えば、新緑や紅葉が楽しめるだろう。登り着いた❷桑瀬峠は、かつて伊予、土佐の往還に利用された名峠。山岳道路から外れ、石鎚連峰のなかで俗化を免れた数少ない峠の一つだ。ササ原を吹きわたる涼風が、なんとも心地よい。

目指す伊予富士を確認したら左の稜線伝いに進む。背後にゴツゴツとした寒風山がそびえる。切れ落ちた北西斜面は、秋にカエデやツツジなど色とりどりの紅葉が映え、冬は一変して霧氷の華が咲く。ブナがまばらな稜線の北側から南側に移ると、まもなく❸鷹ノ巣山分岐に着く。前方に伊予

▲開放的な桑瀬峠でひと休み

富士が立ちはだかる。頂稜にいくつものコブを連ねる独特の姿が印象的で、ここから見る限り「富士」のイメージにはほど遠い。

大きな山体がササ尾根を進むにつれ威圧感を増し、最後は胸突きの急登。呼吸を整えながら一歩一歩高度を稼ぐしかない。山名と標高入りの標識がポツンと立ちつくす❹伊予富士山頂は思った以上に狭い。しかし周囲が切れ落ちている分、見晴らしはすこぶるいい。西に石鎚、瓶ヶ森、東に寒風、笹ヶ峰、それに続く赤石山系と、四国の屋根すべてが見わたせる。さすが三百名山に名を連ねるだけのことはある。

帰りは往路を引き返すが、山頂からの下りはスリップに注意したい。

西条市街

愛媛県
西条市

笹ヶ峰
1651

1104
1151

•529

•1763
寒風山

寒風山トンネル

•1076

寒風山隧道

桑瀬峠❷ 1451
P
0:50 ❶旧寒風山トンネル
0:30 南口

•954

0:35
0:20
360度の
パノラマが展開 1300

❸鷹ノ巣山分岐
1649
鷹ノ巣山

•1232
伊予富士

東黒森登山口

0:45
0:30
急坂
下り注意

1756
鞍部
❹
伊予富士
1735
伊予富士への最短路となる登山口。
駐車スペースあり

自念子ノ頭
P
•1702
東黒森
•1525

•938

高知県
いの町

•1326

•1390

N

1:50,000
0 500 1000m
1cm=500m
等高線は20mごと

道の駅木の香

ササに覆われた山頂一帯をコメツツジが彩る

笹ヶ峰
（ささがみね）

笹ヶ峰登山口→丸山荘→笹ヶ峰→ちち山→丸山荘→笹ヶ峰登山口

標高 **1860** m

愛媛県・高知県
日帰り

総歩行時間	**4時間55分**	総歩行距離	**8.1** km	累積標高差	登り **982** m 下り **982** m	登山レベル	**初級向**	体力 ★★☆☆ 技術 ★★☆☆

公共交通機関
●往復：JR予讃線伊予西条駅▶タクシー約40分・約6000円▶笹ヶ峰登山口

マイカー
●松山自動車道いよ西条ICから国道11号・194号、市道下津池笹ヶ峰線を経由して登山口まで約25km。橋の手前に7～8台の駐車スペースがある。

ヒント
●マイカーかタクシー利用に向いた山。アクセス路の市道下津池笹ヶ峰線は後半の2kmが未舗装のため、走行の際は要注意。

問合せ
西条市観光振興課 ☎0897-52-1690
周桑丹原タクシー ☎0898-68-7222
渡部タクシー ☎0897-56-0222
石鎚交通（タクシー）☎0897-56-0809

▲山頂一帯がササに覆われたなだらかな姿の笹ヶ峰

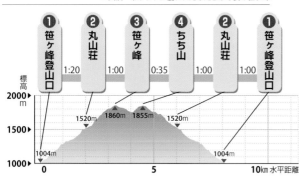

❶笹ヶ峰登山口 1:20 ❷丸山荘 1:00 ❸笹ヶ峰 0:35 ❹ちち山 1:00 ❷丸山荘 1:00 ❶笹ヶ峰登山口

標高
2000 m
1520m 1860m 1855m 1520m
1500
1004m 1004m
1000
0 5 10km 水平距離

新居浜市
❶笹ヶ峰登山口 P ←1:00 丸山荘❷ ちち山❹
1:20 1:00
N 1:00 1855
0 1km 1860m 0:35
愛媛県 ❸笹ヶ峰
西条市 高知県
いの町

伊予の穏やかな名峰をのんびり歩く

概要 石鎚山（P144）、瓶ヶ森（P147）とともに「伊予の三名山」とされる。かつては石鎚信仰発祥の地と伝えられる山岳修験の山として崇められたが、現在は中腹まで車道が延び、ササに覆われたなだらかな山容とも相まって、登りやすい人気の山となっている。ブナやオオイタヤメイゲツの古木、山中を彩る花々、コメツツジの紅葉、笹をまとった雄大な姿が多くの登山者を惹きつける。また、途中の丸山荘は四国の山小屋の草分け的存在である。

▲オオイタヤメイゲツの群生林

 欄外情報 コース途中の丸山荘（☎0897-57-7855）は1泊2食7000円、素泊まり4000円。通年営業だが、管理人が下山して不在の場合もある。宿泊の際は要予約。テント泊も可（幕営料400円）。

北陸

area

▲うさぎ平から望む
赤兎山

敦賀三山最高峰は展望とブナ林がすばらしい

野坂岳
（のさかだけ）

標高 **913m**
福井県
日帰り

粟野駅→野坂いこいの森登山口→野坂岳→野坂いこいの森登山口→粟野駅

総歩行時間	4時間50分	総歩行距離	10.2km	累積標高差	登り 951m 下り 951m	登山レベル	初級向	体力 ★★☆☆ 技術 ★★☆☆

▲トチノキ地蔵付近から見た敦賀市街と敦賀湾

公共交通機関
●往復：JR小浜線粟野駅

マイカー
●北陸自動車道敦賀ICから国道27号、県道225号経由で約9km。登山口の野坂いこいの森に駐車場あり。

ヒント
●大阪・京都方面からは敦賀行新快速電車が便利で、小浜線に乗り換えて2駅目の粟野駅からスタート。駅から野坂いこいの森登山口まで徒歩40分、帰路は30分

はみておきたい。野坂いこいの森は、少年自然の家やバンガローなどもあるキャンプ場で、複数の駐車場がある。

問　合　せ
敦賀観光協会 ☎0770-22-8167
野坂いこいの森・少年自然の家 ☎0770-24-0052

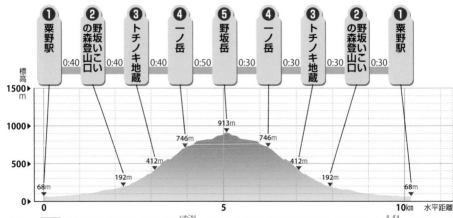

① 粟野駅 — 0:40 — ② 野坂いこいの森登山口 — 0:40 — ③ トチノキ地蔵 — 0:40 — ④ 一ノ岳 — 0:50 — ⑤ 野坂岳 — 0:30 — ④ 一ノ岳 — 0:30 — ③ トチノキ地蔵 — 0:30 — ② 野坂いこいの森登山口 — 0:30 — ① 粟野駅

標高
1500m
1000
500
0

68m　192m　412m　746m　913m　746m　412m　192m　68m

0　　　　　　5　　　　　10km　水平距離

欄外情報 敦賀三山は野坂岳とその東側の岩籠山（いわごもり）（765m）、そして敦賀半島の西方ヶ岳（764m）・蠑螺ヶ岳（さざえ）（685m）であり、いずれもブナ林や敦賀湾の展望に優れ、多くの登山者を迎えている。

▲北麓の野坂集落から見上げた野坂岳

▲一等三角点のある野坂岳山頂からは大パノラマが広がる

野坂いこいの森登山口から一ノ岳へ登り
ブナ林プロムナードを大パノラマの山頂へ

概要 時間はあまりかからないものの、道は終始急であり、ペースが乱れると疲れが出て同行者と差がつきやすい。トチノキ地蔵の名水で喉を潤し、行者岩は帰りにとっておいて一気に一ノ岳へ。その先は傾斜が緩くなり、ブナ林を快適に進むと避難小屋のある山頂へ。

コース ❶粟野駅(あわのえき)から車道を進み、敦賀市立少年自然の家を過ぎてしばらくで❷野坂いこいの森登山口(のさかいこいのもりとざんぐち)に着く。この脇に駐車場があって、マイカー登山者はここからスタート。

谷沿いの道をぐんぐんと登ってゆくと❸トチノキ地蔵(じぞう)であり、ここに湧く水は名水として知られ休憩にいい。道はこの先からだんだんと谷と離れて尾根へ出る。やがて道は分岐し、右手に少し行くと行者岩であり、岩の上に立つと敦賀市街から敦賀湾が一望できる。時間に余裕のない時は帰りに立ち寄ることとして、山頂目指して頑張って登ろう。

急坂を抜けると行者岩同様の展望が開ける❹一ノ岳(いちのたけ)、ブナ林のプロムナードの二ノ岳、避難小屋

の立つ山頂を望む三ノ岳と、この山にふさわしい道を進み、ひと登りで避難小屋へ着き、その一段上が❺野坂岳(のさかだけ)山頂となる。広い草原の山頂からは大パノラマが広がり、一等三角点横のベンチに腰を下ろして、東側の敦賀三山岩籠山、南側の乗鞍岳から三国山の高島トレイルの山並みを眺めるのは楽しい。天気がよくない時も避難小屋があるので安心だ。地元の山岳会が熱心に管理し、いつもきれいで気持ちがいい。

帰路は来た道を戻るが、登りがいのある山へ登頂した後であり、敦賀湾を正面に見ながら急坂をぐんぐん下るので気分爽快。

▲トチノキ地蔵の湧き水は名水として知られる

1:40,000
0　500　1000m
1cm=400m
等高線は20mごと

北陸

低山とは思えないスケールが魅力の一等三角点の名峰

三周ヶ岳
（さんしゅうがたけ）

標高**1292**m

岐阜県・福井県
日帰り

岩谷登山口→夜叉ヶ池→三周ヶ岳→夜叉ヶ池→岩谷登山口

総歩行時間	**6**時間**40**分	総歩行距離	**8.8**km	累積標高差	登り **1049**m 下り **1049**m	登山レベル	**中級向**	体力 ★★★☆ 技術 ★★★☆

適期…6月上〜11月中

花・大展望

▲初夏の夜叉ヶ池を見下ろす

公共交通機関
●マイカー登山向き。JR北陸本線今庄駅から登山口までタクシー利用なら約30分・約6000円。

マイカー
●北陸自動車道今庄ICから国道365号、県道231号、広野ダムから南下し林道終点の岩谷登山口まで約20km。

ヒント
●岩谷登山口に駐車スペース、トイレがある。残雪が多く登山開きは6月上旬頃。登山開きまで林道は通行できない。山上のお花畑は6月下旬から7月中旬が見ごろ。

問合せ
南越前町観光まちづくり課 ☎0778-47-8013
揖斐川町坂内振興事務所 ☎0585-53-2111
今庄タクシー ☎0778-45-0038

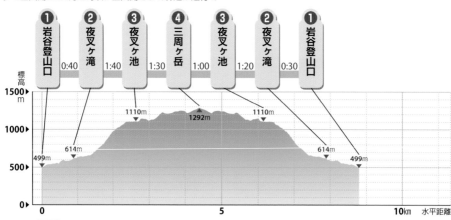

① 岩谷登山口　0:40　② 夜叉ヶ滝　1:40　③ 夜叉ヶ池　1:30　④ 三周ヶ岳　1:00　③ 夜叉ヶ池　1:20　② 夜叉ヶ滝　0:30　① 岩谷登山口

標高
m
1500
1000
500
0

499m　614m　1110m　1292m　1110m　614m　499m

0　5　10km　水平距離

欄外情報　福井県側のコースのほかに岐阜県側からの池ノ又登山道がある。三周ヶ岳まで登山口から往復約6時間。アクセスはマイカーかタクシーに限られ、広い駐車スペースとトイレがある。

▲稜線から望む三周ヶ岳（左奥）

▲池ノ又登山道（岐阜県側）の夜叉ヶ池のお花畑

上級
中級
初級
入門

幽玄の夜叉ヶ池とお花畑がみどころ
切れ込む夜叉壁の山稜をたどって山頂へ

概要 山上の夜叉ヶ池をはじめニッコウキスゲが群生するお花畑、スッパリ切れ込む夜叉壁、豊かなブナ林、カツラやトチの巨樹、豪快に落ちる滝など、福井県・岐阜県の両側に登山コースがある三周ヶ岳は、多彩なアピールポイントを持って迎えてくれる。

コース カツラの巨木がある林道終点の**❶岩谷登山口**から、鳥居をくぐり橋を渡って登山道に入る。流れに沿った道は次第に流れから離れて山腹に続いており、**❷夜叉ヶ滝**を過ぎたところで右岸へと流れを渡る。そして再び渡り返すと右の斜面にトチの巨樹を見る、緑の中の気持ちのいい道だ。

やがて道は流れを離れジグザグに尾根へと登って行く。ここからずっと尾根道となり、最後は左斜面をトラバースするようになると、低灌木林の中に入って**❸夜叉ヶ池**が開ける。

山上の池にしてはかなり大きく立派な池だ。池の畔には祠が祀られ、木道を進んで稜線に出ると、池ノ又谷が大きく開け、夜叉壁が切れ込んでいる。岐阜県側は急斜面の草原が開けていて、初夏にはニッコウキスゲやイブキトラノオなどが群生する一面のお花畑となり、日本アルプスの山を思わせる風景が広がる。岐阜県側からの池ノ又登山道はここで合流している。右は微かな道が続く上級者向けの三国岳へのコースで、左に三周ヶ岳への道が登っている。

急な登りから池の上のピークに出ると池が見事に眺められる。ここからは池までの道と違って小さな岩場があったりササ藪が被ったりと、少し厳しい道となる。しかし三周ヶ岳まで大きく視界が開けているすばらしい道だ。**❹三周ヶ岳**は樹林の中に小さく開かれた山頂で、木々の間からはアルプスの山々まで望むことがある。帰りは往路をそのまま戻り下山する。

今庄IC
今庄のカツラ
P
❶岩谷登山口
しっかりと踏まれた広い登山道
0:40
0:30
岩谷池
❷夜叉ヶ滝
大トチ
・758
尾根道へと変わる
1:40
1:20
ブナ林
862・
福井県
南越前町
夜叉ヶ池
夜叉壁
夜叉ヶ池のコル
❸夜叉ヶ池
夜叉ヶ丸
初夏には岐阜県側の斜面にニッコウキスゲなどが咲き乱れる
夜叉姫ヶ岳
1206
三国岳
965

展望よし → ❹三周ヶ岳
1292
稜線は眺望の開けたところが多いが、笹ヤブのひどい箇所もある
ジャンクションピーク
1:30
1:00 ・1252
岐阜県
揖斐川町
白い岩場は岐阜側を巻く

三周ヶ岳

N

1:30,000
0 250 500m
1cm=300m
等高線は10mごと

国道303号
登山口
P

北陸

烏帽子のような岩を突き立てた福井・岐阜県境の怪峰

冠山
（かんむりやま）

冠山峠→冠平→冠山→冠平→冠山峠

標高 1257 m

福井県・岐阜県
日帰り

総歩行時間	2時間15分	総歩行距離	4.5km	累積標高差	登り 394m 下り 394m	登山レベル	初級向	体力 ★☆☆☆☆ 技術 ★★☆☆☆

▲冠山峠付近から見上げる冠山の偉容

公共交通機関

●マイカー登山向き。JR北陸本線武生駅から冠山峠までタクシー利用なら約1時間30分・約1万5000円。岐阜県揖斐川町からも同程度。

マイカー

●北陸自動車道武生ICから国道417号など経由で冠山峠まで約42km。

ヒント

●国道417号は福井・岐阜県境を越える道（県境付近のみ冠山林道）で、どちら側からも車で峠まで上がれるが、林道は落石等も多く通行止めになることもあるので、事前に確認を。峠には広い駐車スペースがある。

問合せ

池田町木望の森づくり課 ☎0778-44-8002
揖斐川町藤橋振興事務所 ☎0585-52-2111
武生タクシー ☎0778-24-0383
渓流温泉冠荘 ☎0778-44-7755

❶冠山峠 —1:00— ❷冠平 —0:15— ❸冠山 —0:10— ❷冠平 —0:50— ❶冠山峠

標高
1500m
1000m
500m
0m

1046m　1184m▼▼1184m　1046m
1257m

0　　　　　5　　　　　10km　水平距離

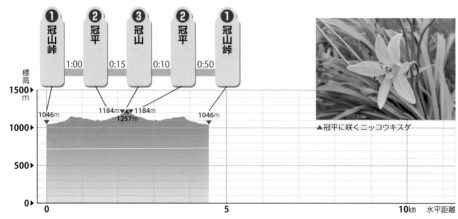

▲冠平に咲くニッコウキスゲ

欄外情報 登山道は冠平からの登りに岩場があり、ロープが固定されてあって難しくはないが慎重に。福井県側の麓の国道417号沿いに渓流温泉冠荘があって立ち寄り湯も可能。

適期…5月下～11月中　日本三百名山・花・大展望・立ち寄り湯

▲冠平から山頂へは緩やかな道から急坂に変わる

▲冠山の山頂部は狭いが展望は抜群

展望とブナ林とシャクナゲがみどころ
峠から手軽に楽しめる県境の奥山

概要 かつては時間と技術を要した秘境の山だったが、冠山峠に車道が開通した現在、気軽に楽しめる山となった。怪異な山容のピークとゆったりと広がる草原の平、そしてそこに至るブナの道。冠平には花も多く、春、秋には手軽に充実した山歩きが楽しめる。

コース 登山口の❶冠山峠(かんむりやまとうげ)には広い駐車スペースが設けられているが、人気のある山なので春秋のシーズンは車も多い。峠からは東に向かう冠山と西に向かう金草岳の2つのコースに分かれるが、やはり特異な形のピークが目立つ冠山へと登る人が圧倒的に多い。両山ともコースタイムも短いので、1日に2山登る登山者もいるようだ。

林道開通記念碑の横が登り口で、ササ原の向こうにすっぱりと切れ落ちた岩峰が見えている。ゆったりとしたササと灌木の道を登って行くと、1156mピークに登る急登に変わる。1156mピークからはアップダウンを繰り返す道になってブナ林の中に入る。樹林の道が続いて、木の間からは時おり特異な形のピークが覗いている。大木のブナも多く春の新緑や紅葉期は楽しい道だ。

やがて右上に稜線を見てトラバース状の道を進むと、緩やかな草原が開ける。❷冠平である。春は花も多い。いったん切り開かれた平に出ると、間近に山頂を見上げる。

ロープのある岩場からもうひと登りで❸冠山(かんむりやま)頂上に着く。頂上からの展望はすばらしく、南側の岐阜県側は山また山が続き、その重なりの間に長く徳山ダムが延びている。一方の北側眼下には緩やかに広がる冠平があり、岩の峰との取り合わせが絶妙の風景だ。春秋のシーズンは狭い頂上は混雑するので、下の冠平でゆっくりと昼食にするのがいいだろう。下山は往路をそのままたどることになる。

金草岳
1047
山峠～金草岳間
往復約4時間
武生IC・国道417号
急坂
1156
❶冠山峠
1118
P
1100
1000
1:00
0:50
冠山建設道路
916
福井県
池田町
冠山林道
900
800
ブナの原生林
1111
700
最低鞍部
1100
岩場・ロープ
❷冠平
ニッコウキスゲ
0:10
0:15
1257
❸冠山
N
1:25,000
250   500m
岐阜県
揖斐川町
冠山
1cm=250m
等高線は10mごと
大垣・国道417号

北陸

イソクラと前山を従えてそびえる雄大な白山信仰の山

能郷白山
（のうごうはくさん）

標高 **1617m**

福井県・岐阜県
日帰り

温見峠登山口→能郷白山→能郷白山権現社→能郷白山→温見峠登山口

| 総歩行時間 | 4時間10分 | 総歩行距離 | 4.9km | 累積標高差 | 登り 652m 下り 652m | 登山レベル | 初級向 | 体力 ★★☆☆ 技術 ★★☆☆ |

▲低木の間を縫うように進む尾根道で能郷白山山頂へ

公共交通機関

●往復：JR越美北線越前大野駅▶タクシー約1時間20分・約1万4000円▶温見峠登山口 ※岐阜県側の樽見鉄道樽見駅からも同程度。

マイカー

●中部縦貫自動車道大野ICから国道157号経由で約40km。温見峠に駐車スペースあり。岐阜から温見峠へは国道157号の能郷谷から先が険路で通行止めとなることが多く、事前に情報収集を。

ヒント

●バスはなく、タクシー利用となるのでグループで登りたい。帰りも予約しておこう。

問 合 せ

大野市観光協会 ☎0779-65-5521
大野タクシー ☎0779-66-2225

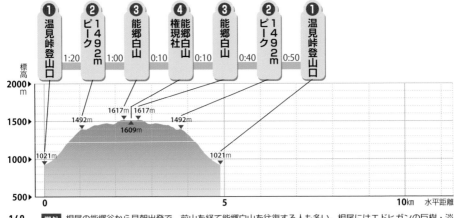

① 温見峠登山口　1:20
② ピーク1492m　1:00
③ 能郷白山　0:10
④ 権現社能郷白山　0:10
③ 能郷白山　0:40
② ピーク1492m　0:50
① 温見峠登山口

標高
2000m
1617m 1617m
1500m 1492m　1492m
1609m
1021m 1021m
1000m
500m
0　　　　5　　　　10km　水平距離

適期…6月上〜11月上

日本二百名山・花・大展望

欄外情報：根尾の能郷谷から早朝出発で、前山を経て能郷白山を往復する人も多い。根尾にはエドヒガンの巨樹・淡墨桜（うすずみざくら）や明治の大地震、濃尾地震で動いた根尾谷断層もある。

ブナ林の急坂を登りきると山上台地
稜線漫歩で権現社のあるピークへ

概要 温見峠までのアプローチは長いが、ここから山頂へはこの山で最も手軽なコース。立派なブナ林、ダケカンバなどの低木林を抜けると背丈を超すネマガリタケのササ原が広がり、三角点を過ぎるとササも低くなってお花畑があちこちに広がる。イソクラ、前山を従えた白山信仰の絶景の山頂へ。

コース ❶温見峠登山口（ぬくみとうげとざんぐち）は中央分水嶺の峠で標高もわずかだが1000mを超える。山頂までの標高差は600m程度であり、気軽な気持ちで登ることができる。とはいえ登るほどに急坂となり、ブナ林の木の根道は段差も大きく、楽ではない。ブナの巨樹と出合ったら見上げる余裕を持って、ゆっくりと登ろう。

やがて傾斜が緩くなり、東側の展望も開けてきて尾根先端の❷1492mピークに着く。ここで北側に荒島岳や白山が姿を現し、待望のご対面となる。尾根道は低木の間を縫うように進み、徐々に高度を上げてゆく。山頂まで遠く感じるが、足元の花になぐさめられて進むと、登りきったところが❸能郷白山（のうごうはくさん）三角点ピーク。低木に囲まれていたが、刈払いにより展望が得られる頂となった。

この先からササ原となって、一気に高い山の雰囲気。前山からの道をあわせて、わずかに登ると❹能郷白山権現社（のうごうはくさんごんげんしゃ）があり、山頂にふさわしい佇まい。社の前に腰を下ろし東側を望むと、晴れていれば中部山岳の高山がすばらしいスカイラインを見せてくれる。南から西を望めば三角峰のイソク

▲奥美濃花房山から望む能郷白山

▲サラサドウダンが咲く登山道

ラと茫洋とした前山の向こうに奥美濃の山並みから中央分水嶺の越美山地が。抜きん出た山はないものの、同じような高さで幾重にも尾根が重なり圧巻だ。時にはこうした山並みの圧倒的な広がりを見るのもいいものだ。

帰路は来た道を引き返し、白山に別れを告げてブナ林の急坂を下ろう。

↑大野市街
•1277
温見峠登山口❶ 1040 岐阜県側は悪路
0:50 157
1492mピークまで 1:20 150
急坂が続く ブナ林
白山・荒島岳が見える 根尾能郷
•1114
❷1492mピーク
0:40 （コロンブスピーク）
福井県
大野市
ナナカマドが多い
臥龍ダケカンバ 岐阜県
N 1:00 本巣市
1:25,000
❸能郷白山
0 250 500m 1617
1cm=250m
等高線は10mごと
0:10
能郷白山権現社❹ 能郷白山
360度のパノラマ コバイケイソウ
イソクラ 揖斐川町
↓前山・根尾能郷

大野富士と呼ばれる秀峰で、日本百名山にも選ばれた名山

荒島岳
あらしまだけ

標高1523m

福井県
日帰り

下唯野駅 → 中出登山口 → 小荒島岳 → 荒島岳 → 勝原登山口 → 勝原駅

総歩行時間	総歩行距離	累積標高差	登山レベル
6時間5分	**14.9km**	登り 1483m／下り 1431m	**中級向** 体力 ★★★☆／技術 ★★★☆

▲越前大野側から眺めた端正な姿の荒島岳

公共交通機関
●行き：JR越美北線下唯野駅　●帰り：JR越美北線勝原駅　※本数が極端に少なく、マイカーかタクシー利用向き。

マイカー
●中部縦貫自動車道勝原IC（2023年5月開通予定）から国道158号経由で勝原登山口まで約400m。

ヒント
●マイカーの場合はメインコースとなっている勝原コースを往復する人が多い。勝原登山口に駐車場、トイレがある。中出コースを往復する場合は、中出登山口の300m手前にある中出駐車場を利用する。

問合せ
大野市観光交流課 ☎0779-64-4817
大野市観光協会 ☎0779-65-5521
大野タクシー ☎0779-66-2225

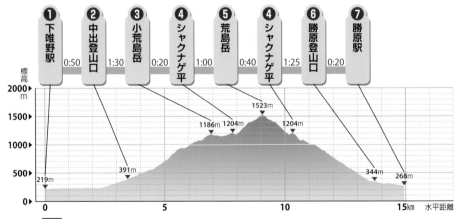

① 下唯野駅　0:50　② 中出登山口　1:30　③ 小荒島岳　0:20　④ シャクナゲ平　1:00　⑤ 荒島岳　0:40　④ シャクナゲ平　1:25　⑥ 勝原登山口　0:20　⑦ 勝原駅

219m　391m　1186m　1204m　1523m　1204m　344m　268m

標高m / 水平距離

欄外情報 中出コースは登山者が比較的少ないので、クマとの突然の出合いなどを避けるように注意したい。

▲山頂からは白山の雄大な山容を正面に眺めながら下る

小荒島岳の山頂眺望と勝原コースのブナ林
そして山頂からの大展望はさすが百名山

概 要 荒島岳は勝原、中出、佐開、下山の四方から登山道が上がっているが、見事なブナ林が続く勝原コースを往復する人が多く、道はしっかりと踏まれている。平野から仰ぐこの山の姿は美しいが、山頂からの眼前に白山連峰が広がる展望もすばらしい。

コース ❶下唯野駅から中出集落へ歩く。集落の林道入口にある道標に従って植林地を進むと、中出駐車場の先で林道が分かれる。❷中出登山口の「みずごう」と呼ばれるところで、慈水観音が祀られ水が湧きだしている。

左の林道を登って行くとやがて細い登山道となり、林道を数度横切って登って行く。スギの植林とアカイタヤの林の斜面からいったん尾根に出るが、道は山腹や尾根をたどって行く。途中左に分ける道を登ると❸小荒島岳に出る。山頂からは大きな眺望が開ける。目の前に高く荒島岳が見え、九頭竜川の上に白山連峰が連なっている。

道に戻り樹林の中を歩くと広場状の❹シャクナゲ平に着く。ここで勝原コースと合流し、少し下

▲小荒島岳から望む荒島岳

▲一等三角点の立つ山頂

▲勝原コースは急坂もあるがブナ林が美しい

▲勝原コースのスキー場跡最上部。九頭竜川を眺めながら下る

ったところでは右から佐開コースが登ってきている。ここからがもちが壁の急登でクサリやハシゴがあるが危険な箇所はない。やがてササ原や灌木となって眺望が開け、前には荒島岳の頂上を望むようになる。高度感のある開けた道を登ると荒島大権現を祀る❺荒島岳に着く。山頂は広く白山、奥越、奥美濃の山々が開ける360度の大展望だ。

❹シャクナゲ平に戻り、右に勝原コースを下る。道は中出コースより急だが、ブナ林が美しい。大きな木も多く、緑に包まれた登山道は落ち着いた雰囲気のコースである。スキー場跡の最上部に着いたところでぱっと眺望が開け、ゲレンデ跡を下って❻勝原登山口から国道158号に出て❼勝原駅へ向かう。

下唯野駅 ❶　越前大野駅　柿ヶ島駅　JR越美北線

福井　道の駅越前おおの荒島の郷　蕨生　柿ヶ島トンネル　勝原駅

大野油坂道路（中部縦貫自動車道）　九頭竜川　勝原　❼　勝原民宿

中出　中の出　158　西勝原　勝原IC　勝原スキー場跡　❻勝原登山口

中出駐車場　中出登山口（みずごう）　福井県　大野市　馬返トンネル

木落　スキ林を歩く　九頭竜峡や勝原の町が足もとに広がる好展望　荒島岳　ブナの原生林　荒島トンネル

御給　林道を歩く　中出コース　白山ベンチ

真名川　展望良　❸小荒島岳　1186

五条方　山頂への分岐あり　1204　❹シャクナゲ平　929

大野　フィッシングランド（養魚場）荒島　佐開登山口　佐開コース　もちが壁

N　佐開　クサリ場　❺荒島岳　1523

1:50,000　荒島大権現　難路

0　500　1000m

1cm=500m
等高線は20mごと　▲真名川ダム

秘湯、ブナ林、高層湿原、花等々、白山展望とみどころ満載の山

赤兎山
（あかうさぎやま）

標高 **1629m**

福井県・石川県
前夜泊・日帰り

鳩ヶ湯登山口 → 奥の塚峠 → 赤兎山 → 赤兎平 → 小原峠 → 林道小原線登山口

総歩行時間	5時間45分	総歩行距離	11.5km	累積標高差	登り 1356m 下り 761m	登山レベル	中級向	体力 ★★★☆ 技術 ★★★☆

▲赤兎山山頂から避難小屋のかなたに白山を望む

公共交通機関
●行き：JR越美北線越前大野駅▶大野市営バス約40分・800円▶鳩ヶ湯 ●帰り：林道小原線登山口▶タクシー約50分・約8500円▶越前鉄道勝山駅

マイカー
●鳩ヶ湯：中部縦貫自動車道勝原ICから国道158号など経由で約15km ●林道小原線登山口：中部縦貫自動車道勝山ICから国道416号・157号経由で約25km。

●大野市営バスの運行は火曜・土曜・休日のみ。下山後のバス便はないので事前にタクシーを予約しておく。

問合せ
大野市観光交流課 ☎0779-64-4817
大野市交通住宅まちづくり課(市営バス)☎0779-64-4815
勝山市商工文化課 ☎0779-88-8117
勝山タクシー ☎0779-88-0251
大野タクシー ☎0779-66-2225

ヒント

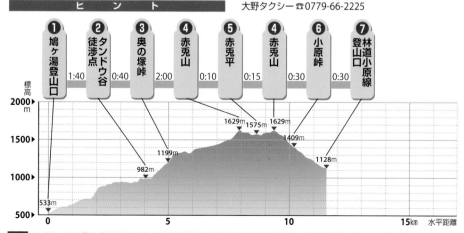

❶鳩ヶ湯登山口 1:40 ❷タンドウ谷徒渉点 0:40 ❸奥の塚峠 2:00 ❹赤兎山 0:10 ❺赤兎平 0:15 ❹赤兎山 0:30 ❻小原峠 0:30 ❼林道小原線登山口

1629m 1575m 1629m 1409m 1199m 982m 1128m 533m

欄外情報 マイカーでの登山者がほとんどで、距離が短い小原線登山口から往復する人が圧倒的に多いが、林道小原線は通行止めになることもあるので事前に確認を。鳩ヶ湯に宿泊し赤兎山まで往復するプランも考えられる。

▲山頂から東に10分ほどの高層湿原赤兎平。赤池付近には木道が続く

秘湯の一軒宿からブナ林を抜けて山頂へ
山上はニッコウキスゲの群生と白山の展望

概要 美しいブナ林やゆったりと広がる山上の湿原、そして白山の大展望など、秘湯鳩ヶ湯から赤兎山を登って小原線登山口へと下るのは、中級山岳の良さを堪能できるおすすめのコース。特に赤池周辺は初夏のニッコウキスゲの群生や秋の紅葉がすばらしい。

コース 鳩ヶ湯温泉の前を流れるタンドウ谷の橋の横が**❶鳩ヶ湯登山口**で、登山者用のハシゴが架けてある。ハシゴを登って林道に出て、何度か切り返しながら登ると、右に山腹へと登る登山道に入る。道は植林地の中を進みやがて急な尾根を登って原ノ山平に出る。ここから左にタンドウ谷の水音を聞きながら山腹道を進んで行くと、**❷タンドウ谷徒渉点**に着く。融雪期、降雨時には水量が増えるので渡る時は注意したいところだ。

ここからも山腹道が続き途中にはワサビやオウレンが作られている。**❸奥の塚峠**から急登を登りきるとブナ林の広い尾根となり、ゆったりとした登りが続いている。春はブナの林床にはオウレンやツバメオモトが見られる。ブナ林が終わるとササや低灌木の広い平に出る。うさぎ平と呼ばれる

ところで、すぐ上に見える丸いドーム状のピークが**❹赤兎山**。最後の斜面を真っ直ぐに登りきると山頂に着く。広く切り開かれた頂上からの展望はすばらしく、緩やかに湿原が広がる赤兎平の先には白山の山々が並んでいる。

❺赤兎平には赤池湿原があって、春から初夏はミツバオウレン、ニッコウキスゲなどが咲き乱れる。秋の紅葉もまたすばらしいところなので、頂上から往復して季節の恵みを存分に楽しみたい。

山頂から峠に向けて下るにつれ、次第にブナ林となり**❻小原峠**に着く。峠道は白山登拝の越前禅定道で、左へと下って行くと30分ほどで**❼林道小原線登山口**に着く。

▲白山越前禅定道ともなっている小原峠

西高山
▲1189

東俣谷川

烏岳
1327 ▲1476

福井県
勝山市

大長山
1671

石川県
白山市

1530

登山口

1376

ロープ

刈安山
1505

赤兎山

古い石仏

整備の悪いときがある

中ノ俣谷川

林道小原線ゲート・勝山市街

←0:30

⑥小原峠
0:15
0:10

赤兎平
⑤

林道小原線登山口⑦ P

1203

④ 1629
急坂
赤兎山
ニッコウキスゲ

1530
裏赤兎山

よろぐろ山
1255

大舟山
1431

整備の悪い
ときがある

1308

うさぎ平

2:00

1500
1400
1390
1290
1100

1476

赤兎山避難小屋

1421

ブナ林

ワサビ田

急坂

② タンドウ谷徒渉点
増水時徒渉困難

1625
経ヶ岳
(P168)

0:40

1000

原ノ山平

1:40

900

③
奥の塚峠

1205

800

打波川

700
600

大野市

1011

500

① 鳩ヶ湯登山口

P
鳩ヶ湯

column

山の宿・立ち寄り湯情報

鳩ヶ湯温泉 鳩ヶ湯 ☎0779-65-6808 日帰り入浴は11:00～16:00（日祝は～17:00）、800円。入浴休憩時間は変動もあるので事前に確認を。1泊2食2万2000円～。4月下旬～11月下旬営業。山鳩が傷を癒やしたとの由来をもつなめらかな湯で肌がつるつるに。料理は鴨の溶岩焼きや牛タン、アワビなど豪華な和食が味わえる。

N

1:50,000

0 500 1000m

1cm=500m
等高線は20mごと

173

大野IC・越前大野駅

美濃又川

北陸

白山より古い火山で、変化に富む尾根歩きが楽しめる

経ヶ岳
きょうがたけ

標高 1625m

福井県

前夜泊・日帰り

法恩寺林道登山口→保月山→経ヶ岳→保月山→法恩寺林道登山口→うらら館

総歩行時間	6時間	総歩行距離	10.1km	累積標高差	登り 996m 下り 1382m	登山レベル	中級向	体力 ★★★☆ 技術 ★★★☆

適期…6月上〜11月上

日本二百名山・花・大展望・立ち寄り湯

▲池ノ大沢湿原から見上げた経ヶ岳

公共交通機関
●行き：JR越前大野駅▶タクシー約40分・約7000円▶法恩寺林道登山口　●帰り：うらら館▶大野市営乗合タクシー（予約制・最終14時台）・500円▶JR越前大野駅（タクシーを呼ぶと約5000円）

マイカー
●中部縦貫自動車道大野ICから国道157号、法恩寺林道経由で約18km。林道登山口に駐車場あり。

ヒント
●トロン温浴施設うらら館で日帰り入浴可。大野市営乗合タクシー（休日運休）は事前申し込みが必要。朝の便は遅く、タクシーで林道登山口へ。

問合せ
大野市観光協会 ☎0779-65-5521
勝山市観光まちづくり（株）☎0779-87-1245
大野タクシー（乗合タクシーも）☎0779-66-2225

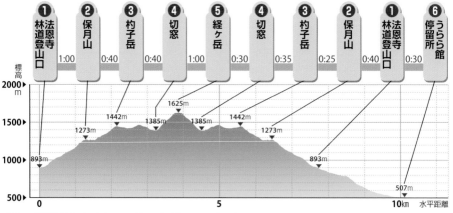

❶法恩寺林道登山口 1:00 ❷保月山 0:40 ❸杓子岳 0:40 ❹切窓 1:00 ❺経ヶ岳 0:30 ❹切窓 0:35 ❸杓子岳 0:25 ❷保月山 0:40 ❶法恩寺林道登山口 0:30 ❻うらら館停留所

標高 2000m / 1500 / 1000 / 500

1625m
1442m 1442m
1385m 1385m
1273m 1273m
893m 893m
507m

0　　　　　5　　　　　10km　水平距離

欄外情報 清水が湧く大野の町並みは魅力的で、山の行き帰りに立ち寄りたい。特産品が並ぶ朝市も人気。丘の上に立つ越前大野城の天守からは、経ヶ岳を中心とした加越国境の山々や荒島岳の大パノラマ。

保月山、杓子岳、中岳を経て山頂へ
展望の尾根歩きで旧火口を眺める

概 要 六呂師高原からだと時間がかかるので、法恩寺林道登山口からが無理がない。ブナ林を登ると保月山、さらに露岩を巻きひと登りで杓子岳山頂へ出て、ここで経ヶ岳とご対面。花が多い道を進むと中岳で、切窓のコルへいったん下り、急坂を登り切ると山頂広場へ出る。

コース 行程が長く、山の上で過ごす時間を少しでも長く取るために、**❶法恩寺林道登山口**からスタートしよう。急坂を登るとブナ林となって快適に**❷保月山**へ登り着く。ここから古い火山にふさわしい岩尾根となるが、うまくそれらを巻いて道が造られている。すっきりとした中岳の稜線が見えてきて足取りは軽い。

ダケカンバの混じる森の斜面をジグザグに登ると、やがて傾斜が緩くなり**❸杓子岳**山頂へ出る。看板には「杓氏岳」とあるが、木地師ゆかりの地名であり杓子岳が一般的。森は低木とササ原になって、中岳との稜線の奥にそびえる経ヶ岳が姿を見せる。この先の稜線は夏前などニッコウキスゲとササユリが咲き乱れる。

稜線漫歩を楽しみ、わずかに登ると中岳であり、

▲ダケカンバの混じる森を行く登山道

道はこの先でぐんぐん下って**❹切窓**の鞍部へ降り立つ。それだけにここから経ヶ岳山頂への登り返しは、急坂が続き容易ではないが頑張って登ろう。眼下に広がる旧火口の池ノ大沢湿原は、うっそうとしたブナ林に囲まれた桃源郷といった佇まいであり、登りの辛さを忘れさせてくれる。

❺経ヶ岳山頂は平坦な広場となっていて、大パノラマが広がる。三角点はこの奥にあり、北へ続く尾根に法恩寺山への道が延びる。途中で赤兎山への道が分かれるが整備されていないので通行困難な状況だ。帰路は来た道を戻り、**❶法恩寺林道登山口**から三角山を経て、温泉がある**❻うらら館停留所**まで下ろう。

北陸

白川郷の西側にそびえる山深い峰に楽ちん登山

三方岩岳
（さんぼういわだけ）

三方岩駐車場→三方岩展望台→三方岩岳→三方岩展望台→三方岩駐車場

標高 **1736m**
石川県・岐阜県
日帰り

総歩行時間	**1時間30分**	総歩行距離	**3.0km**	累積標高差	登り **333m** 下り **333m**	登山レベル	**初級向**	体力 ★☆☆☆ 技術 ★★☆☆

▲山頂を形成する岩の一つで、最も規模の大きな飛騨岩

公共交通機関
●往復：JR高山本線高山駅▶濃飛バス・北陸鉄道バス約50分・2600円▶白川郷▶タクシー約25分・約8000円（有料道路代含む）▶三方岩駐車場

マイカー
●東海北陸自動車道白川郷ICから国道156号、白山白川郷ホワイトロード（有料）を経由して三方岩駐車場（無料）へ約15km。

ヒント

●白川郷へは名古屋（名鉄バスセンター）から名鉄バス・岐阜バス（約2時間45分）も運行している。

問合せ
白川村観光振興課 ☎05769-6-1311
濃飛バス予約センター ☎0577-32-1688
北陸鉄道予約センター ☎076-234-0123
岐阜バス ☎058-266-8822・名鉄バス ☎052-582-0489
白山タクシー ☎05769-5-2341

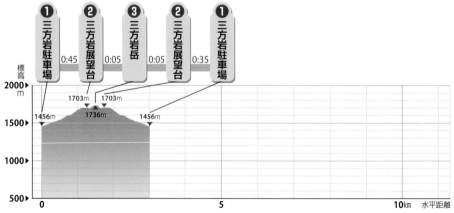

欄外情報 2018年に三方岩トンネルの西側にある栂の木台駐車場から「ふくべ谷登山道」が設置された。とりたてて難所がなく、途中には展望台もあって景観コースとして人気が出ている。三方岩岳まで往復3時間ほど。

遠目からもそれとわかる迫力ある岩山
白山や北アルプスを望む頂に短時間で

概要 世界遺産・白川郷の西に特異な姿を見せる山。その名の通り、山頂には飛騨岩、加賀岩、越中岩という3つの巨大な岩が屹立している。登山道があるようにはとても思えないが、今回のコースを含めて三方から道が延びている。三方岩駐車場からのコースは白山や北アルプスなどを望む山頂へ短時間で立てることから人気が高い。

コース 白川郷ホワイトロードの三方岩トンネル手前に**❶三方岩駐車場**があり、その向かいが三方岩岳への登山口だ。まずは橋を渡り、ジグザグに切られた道を登っていく。20分ほどで県境稜線に出ると、右に瓢箪山方面への道が分岐する。この道を通るコースは、途中から栩の木駐車場へと下っている（P170欄外参照）。

ブナの大木の間を抜け、樹林が低くなると白山や笈ヶ岳などを一望する**❷三方岩展望台**に出る。ここには三方岩岳の山頂を示す標柱が立つが、実際の山頂はさらに5分ほど進んだ場所にあるので往復してこよう。飛騨岩の絶壁上にある**❸三方岩**

▲コース上部から見る越中岩

岳山頂からは、展望台と同様、白山連峰や北アルプスなどのすばらしい景観が広がっている。下山は往路を引き返そう。

なお、このコースでは登り足りない人は、東面の白山白川郷ホワイトロードの馬狩料金所登山口から尾根を詰めるロングコースを登るのもいい。登り約4時間、下り約3時間の中級コースで、白川郷での前泊がおすすめ。白川郷から登山口まではタクシーで10分ほど。また、三方岩岳の山頂から南下し、野谷荘司山（三方岩岳から往復2時間20分）まで足を延ばすのも楽しい。いずれにしろ、世界遺産である白川郷の観光とセットで登りたい山だ。

上級
中級
初級
入門

三方岩駐車場 ❶
三方岩トンネル
三方岩展望台 ❷
加賀岩
越中岩 0.05
三方岩岳 ❸ 1736
飛騨岩
県境稜線 0.45 0.35
下山時コース注意
・1574
・1583
白山中宮・白山里野

・1586

石川県
白山市

三方岩岳〜野谷荘司山の
往復は約2時間20分

野谷荘司山 1704
馬狩荘司山

・1318 ・1294

白山白川郷ホワイトロード

・1546
避難小屋跡
1586三角点 1586
1471
二本松
蓮如茶屋駐車場
1105・
△1214

白川郷展望台
取付点

馬狩料金所登山口
白川郷

白川郷からのロングコース。上部まで
急登が続く。馬狩料金所登山口から
登り約4時間、下り約3時間

三方岩岳

岐阜県
白川村

N

1:25,000
0   250   500m
1cm=250m
等高線は10mごと

北陸

白山別山の陰に隠れがちだが人気の高い花の山

三ノ峰
（さんのみね）

上小池駐車場→六本檜→三ノ峰→六本檜→上小池駐車場

標高 2128 m

石川県・岐阜県
前夜泊・日帰り

総歩行時間	**8時間5分**	総歩行距離	**10.4 km**	累積標高差	登り **1344m** 下り **1344m**	登山レベル	**上級向**	体力 ★★★★ 技術 ★★★☆

▲刈込池から遠望する秋の三ノ峰

適期…6月上〜11月上　花・大展望

公共交通機関

●往復：JR越美北線越前大野駅▶大野市営バス約40分・800円▶鳩ヶ湯　※マイカー登山向き。バス利用の場合は鳩ヶ湯から上小池駐車場まで徒歩約2時間30分（逆コースは2時間）。鳩ヶ湯までのバスは4月下旬〜11月中旬の火曜・土曜・休日運行（紅葉時期は毎日）で1日2便。

マイカー

●中部縦貫自動車道勝原ICから国道158号、県道173号

経由で約22km。上小池に駐車場あり。

ヒント

●前泊し、翌朝、車で上小池駐車場に移動するマイカー登山がおすすめ。テント泊の場合は小池公園キャンプ場を利用するとよい。

問合せ

大野市観光協会 ☎0779-65-5521
大野観光自動車（大野市営バス）☎0779-66-2552

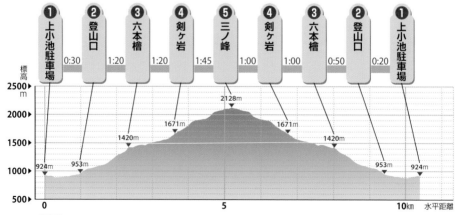

❶上小池駐車場　0:30　❷登山口　1:20　❸六本檜　1:20　❹剣ヶ岩　1:45　❺三ノ峰　1:00　❹剣ヶ岩　1:00　❸六本檜　0:50　❷登山口　0:20　❶上小池駐車場

標高m
2500
2000
1500
1000
500
924m　953m　1420m　1671m　2128m　1671m　1420m　953m　924m
0　　　5　　　10km　水平距離

欄外情報　バス終点にある鳩ヶ湯は歴史のある秘湯であり、泉質はナトリウム炭酸塩泉で切り傷、あせも、神経痛などに効能があり、ここを拠点にすればぜいたくな山旅になる。P167を参照。

剣ヶ岩からお花畑の岩尾根を縦走
山頂からは別山を間近に望む

概要 三ノ峰は別山への途中にあたるが、剣ヶ岩あたりから山頂にかけて花が多く、別山を凌ぐほどの人気。六本檜への急坂を過ぎれば、登りは続くものの、花と展望の尾根道は快適で、いつのまにか稜線の避難小屋へ着く。別山一望の山頂へは、ここに荷物を置いて往復しよう。

コース バス利用の場合は、終点の鳩ヶ湯温泉から歩いて約2時間30分で**❶上小池駐車場**に至る。車の場合は奥の駐車場へ停めて、巻道を下ると林道へ出てしばらくで**❷登山口**へ着く。歩きの場合は林道通しがいい。このあたりの打波川左岸一帯は原ノ平といって、刈込池を中心にしてブナ原生林が広がり、上小池・刈込池自然研究路が延びる。池ごしの三ノ峰は絶景。

登山口から集落跡の山腰屋敷跡へは急坂となり、登りきったところが**❸六本檜**で、ヒノキが並び立つ一角にベンチもあり、ここでよく休んでおこう。尾根は登るほどに両側が開けてきて、正面に**❹剣ヶ岩**がそびえ立つ。北側を巻くと頂上稜線が見えてくる。右側はカール状の地形で高山の雰囲気となり、道の両脇にはお花畑が続くので快適

▲山頂から三ノ峰避難小屋を望む

に高度を上げることができる。やがてハイマツの中の巻道となれば三ノ峰避難小屋は近い。広い稜線に立つ立派な避難小屋であり、東側は飛騨高原から北アルプスの峰々が見える。

荷物を置いて散歩気分で**❺三ノ峰**山頂へ。小屋から近い山頂だが、展望はすばらしく、間近に大平壁と別山平からなる別山の雄姿と、その左手に広い弥陀ヶ原の上に御前峰がそびえ立つ白山が顔を出し圧巻だ。

帰路は来た道を戻るが、時間があれば上小池・刈込池自然研究路へ立ち寄り、最後にもう一度、ブナ林の新緑や紅葉越しに、登頂した山の晴れ姿を見ておきたい。

三ノ峰
三ノ峰 ❺ 2128

別山
間近に別山の雄姿、背後に白山

石川県
白山市

1:40,000
0 500 1000m
1cm=400m
等高線は20mごと

東俣谷川

鳩ヶ湯新道 1:45
1:00

三ノ峰避難小屋 2095

岐阜県
高山市

杉峠

1378

❸六本檜 1481

❹剣ヶ岩 1671

急坂が続く

二ノ峰 1962

1:20
0:50
急坂

ベンチあり

福井県
大野市

一ノ峰 1839

水
山腰屋敷跡

石徹白道（南縦走路）

登山口❷

登山口～上小池
駐車場間約1時間20分

0:30

刈込池

カサバノ谷

郡上市

小池駐車場❶

水 P
0:20

上小池・刈込池自然研究路

原ノ平

石徹白登山口

小池公園キャンプ場

銚子ヶ峰 1810

鳩ヶ湯・大野市街

北陸

一年の半分以上を雪に覆われる自然豊かな信仰の山

白山
（はくさん）

別当出合 → 南竜ヶ馬場 → 室堂平 → 白山 → 室堂平 → 別当出合

標高 **2702**m
（御前峰）
石川県・岐阜県
1泊2日

総歩行時間	**9時間40分**	総歩行距離	**17**km	累積標高差	登り **1665**m 下り **1665**m	登山レベル	**上級向**	体力 ★★★☆ 技術 ★★☆☆

▲御前峰から大火口を見下ろす。前方は大汝峰

公共交通機関
●往復：JR金沢駅▶白山登山バス約2時間10分・2100円▶市ノ瀬▶シャトルバス20分・800円▶別当出合
※運行日は要確認

マイカー
●中部縦貫自動車道勝山ICから国道157号、県道33号経由で別当出合まで約45km。　※マイカー規制日は市ノ瀬から別当出合までシャトルバス（20分間隔・800円）がある。市ノ瀬、別当出合には無料駐車場あり。

ヒント
●マイカーの場合は交通規制日（7～10月の特定日）には市ノ瀬までしか入れないので要確認。白山南竜山荘宿泊は7月～10月中旬の営業で予約が必要。

問合せ
白山市観光課 ☎ 076-274-9544
白山観光協会（シャトルバスも）☎ 076-273-1001
白山登山バス（北陸鉄道）☎ 076-237-5115

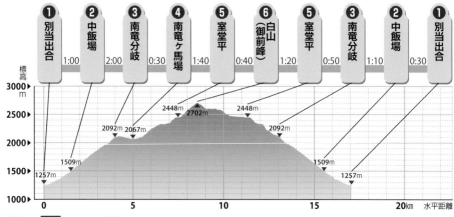

欄外情報　コース中危険箇所はないが、歩行距離が長く残雪のある箇所もあるので慎重に歩きたい。また高山帯なので気候変化が激しく、万全な装備でのぞむこと。市ノ瀬、白峰に温泉があり、立ち寄り湯も可。

▲室堂平から白山御前峰への登りは開放的で雄大な風景が続く

ブナ林から高山植物の楽園、南竜ヶ馬場へ
室堂平を基点に花と残雪のお池めぐり

概 要 白山は日本三霊山の一つで、山上部は主峰の御前峰と剣ヶ峰、大汝峰の三峰があり、この間に火山湖である池が散らばっている。山麓のブナ林から山上の高山性の植物まで豊かな自然に恵まれており、特に彩り鮮やかな花々の群落には目を奪われる。

1日目 砂防新道は❶別当出合(べっとうであい)バス停前の広場から吊り橋を渡って登り始める。コース中はトイレ、避難小屋、水場などがあり、道もよく整備されていて歩きやすい。

緩やかなブナ林の道を登って行くと❷中飯場(なかはんば)に着く。前に見える不動滝が見事だ。登るにつれ右の谷側が開けブナなどの高木もなくなって日当りもよくなるので、暑さへの対策は万全にしたい。

甚之助避難小屋まで登ると山々の展望が開け、高山性の花を見るようになり、高度が上がったことを実感する。小屋から花の多い道を登って行くと❸南竜分岐(なんりゅうぶんき)に着く。右へと山腹の道を歩いて宿

▲観光新道分岐の黒ボコ岩

▲室堂ビジターセンター前の湿地にはコバイケイソウが咲く

▲弥陀ヶ原の木道から御前峰を見上げる

▲白山の名を冠したハクサンコザクラ

間の窪地に点在する池を訪ね、御前峰の山腹を巻いて❺室堂平へと戻る。

室堂平から黒ボコ岩を経由して❸南竜分岐へと戻るが、高度感があって花の多い楽しい道である。南竜分岐からは往路の砂防新道を下って❶別当出合へと戻る。砂防新道北側の観光新道は急坂での転倒に注意。

泊地の南竜山荘へと向かうが、このあたりも花々が咲き乱れている。谷へと下って流れを渡ると❹南竜ヶ馬場の白山南竜山荘に着く。時間があれば南竜庭園付近まで散策するのがいいだろう。

2日目 南竜分岐へ向かう途中で右に登る道がエコーライン。最初はきつい登りだが弥陀ヶ原まで登ると緩やかな草地が広がる。黒ボコ岩からの道と合流して五葉坂を登ると❺室堂平に出て白山頂上を望む。室堂ビジターセンターからジグザグ道を登って行くと❻白山（御前峰）頂上に着く。360度のすばらしい眺望だ。お池めぐりは三峰

column
山の宿情報

夏山登山時の混雑を避けるため予約制となっている。宿泊希望日の前日までに電話で申し込む。

白山南竜山荘 ☎076-259-2022　1泊2食1万1100円、素泊まり8000円。7月1日〜10月15日頃営業。150名収容。ケビンも5棟10室あり、1室（定員5名）1万4000円。南竜野営場は1人800円。

白山室堂 ☎076-273-1001　1泊2食1万1300円、素泊まり8200円。5月1日〜10月15日頃営業（5月1日〜6月30日は素泊まりのみ、6月30日は夕食可能）。360名収容。弁当（1200円）。個室タイプの白山雷鳥荘もある。

日本アルプス

area

▲穂高岳の稜線から望む槍ヶ岳

峻険さで知られる北アルプス立山連峰の伝説の名山

剱岳
つるぎだけ

室堂 → 別山乗越 → 剱澤小屋 → 剱岳 → 剱澤小屋 → 室堂

標高2999m

富山県
前夜泊・1泊2日

総歩行時間	12時間35分	総歩行距離	15.8km	累積標高差	登り 1917m 下り 1917m	登山レベル	上級向	体力 ★★★★ 技術 ★★★★

適期…7月上～10月上　日本百名山・花・大展望・立ち寄り湯

▲剱御前から望む剱岳の全貌

公共交通機関
●往復：富山地方鉄道立山駅▶立山ケーブルカー7分・960円▶美女平▶立山高原バス50分・2200円▶室堂

マイカー
●北陸自動車道立山ICから県道3号・6号経由で約23km。立山駅周辺に無料駐車場あり。

ヒント
●立山駅周辺には1000台近い駐車場があるが、夏山シーズン中は早朝でも満車になる。アルペンルートのハ

イシーズンは切符を買うのに混雑するので、先行予約ができる「WEBきっぷ」を活用したい。

問合せ
立山黒部アルペンルート☎076-431-3331
立山町商工観光課☎076-462-9971
剱澤小屋☎080-1968-1620
剱御前小舎☎080-8694-5076
剣山荘☎090-8967-9116

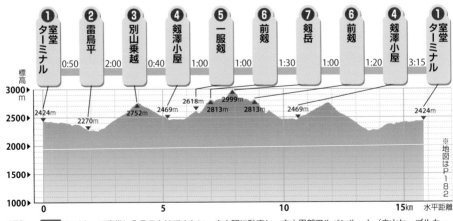

欄外情報 マイカーで室堂に入ることはできない。立山駅に駐車し、立山黒部アルペンルート（立山ケーブルカー、バス）を利用。冬期は運休となる。

▲剱岳山頂付近から別山尾根と立山(中央左)を望む

花の高原散策と圧倒的迫力の岩稜
鎖場が連続する「岩と雪の殿堂」

概要 剱岳は日本アルプスの中で最後まで近代登山の軍門に下らなかった峻峰として知られるが、新田次郎の小説『剱岳・点の記』の映画化でさらに知名度をあげた。岩稜と垂壁、長大な雪渓とお花畑が織り成す風景、一度は訪れたいこの山には、今も山男のロマンが息づいている。

1日目 ❶**室堂ターミナル**を出て、清廉な空気の散策道をミクリガ池の畔から雷鳥沢へ向かう。高山植物が咲く❷**雷鳥平**のキャンプ場を横断し、浄土沢の丸木橋を渡ればクルマユリ、キンポウゲが咲く雷鳥沢の取付に着く。緩やかな登りがやがて大きく折り返すと、ジグザグ登りの急坂となって、剱御前小舎の前、❸**別山乗越**に着く。正面に後立山連峰、左に目指す剱岳が圧倒的迫力で全

▲剱沢に咲くハクサンイチゲの群落

容を現す。水平にトラバース道をゆけば剣山荘だが、今回は❹**剱澤小屋**で宿泊することとしよう。

2日目 早朝、剱澤小屋から剱沢雪渓を横断、剣山荘の前を通って、お花畑の中を❺**一服剱**へ登る。最初のクサリ場の洗礼を受け、いったん鞍部へ降りて、武蔵谷の雪渓の先端を横断、前剣へのガラ場を登れば❻**前剱**。大岩が立ちはだかる。ここから本格的にクサリ場が連続するが、近年、往路・復路にクサリが設置され、一方通行で安全性が高まった。とはいえ、緊張と困難が連続することに変わりはない。道はいったん平坦になると平蔵の頭東側をトラバース、平蔵のコルから垂壁カニのタテバイを登る。ここからは岩塊を踏んで❼**剱岳**山頂へゆく。山頂から長次郎雪渓を脚下に、八ツ峰、源次郎尾根の鋸歯状尾根や後立山を眺める充実感は訪れた者のみが味わえるものだ。

下山はカニのヨコバイを通って来た道を忠実に戻るが、西面岩壁にはクライマーがいる。落石を起こさぬよう細心の注意を払い、往路以上に慎重な行動を心がけよう。

日本三霊山に数えられる山岳信仰の名峰

立山
たてやま

室堂→浄土山→一の越山荘→大汝山→一の越山荘→室堂

標高3015m
（大汝山）

富山県
前夜泊・日帰り

総歩行時間	4時間55分	総歩行距離	7.9km	累積標高差	登り 891m 下り 891m

登山レベル	初級向	体力 ★★☆☆ 技術 ★☆☆☆

公共交通機関
●往復：富山地方鉄道立山駅▶立山ケーブルカー7分・960円▶美女平▶立山高原バス50分・2200円▶室堂

マイカー
●北陸自動車道立山ICから県道3号・6号経由で約23km。立山駅周辺に無料駐車場あり。

ヒント
●立山駅周辺には1000台近い駐車場があるが、夏山シーズン中は早朝でも満車になる。アルペンルートはハイシーズンには切符を買うのに混雑するので、先行予約ができる「WEBきっぷ」を活用したい。

問合せ
立山黒部アルペンルート
☎076-431-3331
立山町商工観光課☎076-462-9971
立山室堂山荘☎076-463-1228
一の越山荘☎076-421-1446
みくりが池温泉☎076-463-1441

日本アルプス

適期…7月上〜10月上 △ 日本百名山・花・大展望・立ち寄り湯

◀雄山から室堂を俯瞰する

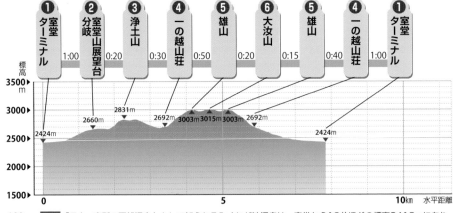

❶ 室堂ターミナル		❷ 室堂山展望台		❸ 浄土山		❹ 一の越山荘		❺ 雄山		❻ 大汝山		❺ 雄山		❹ 一の越山荘		❶ 室堂ターミナル
	1:00		0:20		0:30		0:50		0:20		0:15		0:40		1:00	

標高 m
3500m 3000m 2500m 2000m 1500m

2424m 2660m 2831m 2692m 3003m 3015m 3003m 2692m 2424m

0　　　　　5　　　　　10km 水平距離

欄外情報 「日本一高所の天然温泉」として知られるみくりが池温泉は、室堂から10分ほどの標高2410mにあり、単純酸性泉の源泉かけ流し。日帰り入浴1000円、9〜16時。

上級
中級
初級
入門

▲ミクリガ池に映る立山三山の山容

ハイキングコースの室堂山展望台に登り雄山を経て立山連峰最高峰の大汝山へ

概要 立山は古くから信仰の山として知られ、多くの伝説が残っている。佐々成政の「雪のザラ峠越え」やクロユリ伝説、武田信玄の鍬崎山埋蔵金など夢とロマンに満ちた山々でもある。また、近代では立山黒部アルペンルートの開通により、3000mの景観を楽しむ多くの人が訪れている。

コース ❶室堂ターミナルを出ると、谷筋に雪の残る立山連峰が屏風絵のように展開する。水筒に立山トンネルの開通により湧出したといわれる「立山玉殿の湧水」を補給したら、石畳の道を室堂山荘の前までゆく。分岐の道標を確かめ、室堂山を目指す。左右に残る雪田や彩り豊かな高山植物を愛でゆけば、いつしか❷室堂山展望台分岐へ着く。展望台を往復したらハクサンフウロ、クロユリなどが咲く道を❸浄土山（北峰）へ向か

▲室堂付近で見かけた雷鳥

う。岩屑の急坂を登ると広い山頂に出る。南峰から主稜線を下れば、❹一の越山荘に着く。ここからは多くの雄山への登拝者や登山者とともに三ノ越から五ノ越へと登ればよい。

一等三角点がある五ノ越の社務所では、雄山神社での祈祷をお願いし、❺雄山山頂の神社で御祓いしていただくこともできる。お参りが済んだら、鳥居の横から縦走路を北へ向かう。眼下には室堂やミクリガ池、雪田やガキの田が霜降り模様のような弥陀ヶ原と、どこまでも雄大な風景をひとり占めする稜線漫歩だ。

大汝休憩所が見えるあたりで右へ踏跡が分かれる。縦走路を離れ、岩塊の間を登ってゆくと狭い岩塔に立つ。立山連峰の最高峰❻大汝山である。黒部渓谷をはさみ後立山連峰を一望するすばらしい展望だが、後続に譲って下山にかかろう。真砂岳の鞍部から大走りコースを下って室堂へ出るのも良いが、ここは❺雄山へ戻って、❹一の越山荘から❶室堂ターミナルへ下るとしよう。一ノ越への下りは転石が多い。落石を起こさないよう慎重な足運びを心がけたい。

黒部市

池ノ平山
2561
2555

馬場島荘
馬場島
松尾平

中山
△1255

小窓尾根

小窓ノ頭
2650

小窓

小窓ノ王

早月尾根
1921

早月小屋

剱岳
2999

7 剱岳

クズバ山
・1876

上市町

西大谷山
△2087

カニのヨコバイ（下り）
カニのタテバイ（上り）

前剱岳1:00→平蔵のコル0:30→剱岳
剱岳0:30→平蔵のコル0:30→前剱岳

平蔵のコル
平蔵の頭

1:30
1:00

6 前剱
2813

1:00
0:40

5 一服剱

クロユリのコル

剣山荘

雪渓のトラバース
登山研修所
夏山前進基地

0:40
1:00

剱沢雪渓

真砂沢ロッジ

源次郎尾根

野営場管理所
山岳警備隊
2777

4 剱澤小屋
剱沢キャンプ場

剱御前

別山
2880

奥大日岳
△2606

2611

室堂乗越

新室堂乗越

別山乗越 3

0:40
1:00

剱御前小舎

別山
2874
硯ヶ池

七福園

大日岳

大日小屋

ガキ田

獅子ヶ鼻岩

2390

2:00
1:10

雷鳥平 2

ハクサンイチゲ
チングルマ

大走りコース

真砂岳
2861

内蔵助山荘

2860

立山高原ホテル

天狗平山荘

鏡石

天狗平

関西学院大学ヒュッテ

室堂平

ロッジ立山連峰
雷鳥沢ヒュッテ

雷鳥荘

みくりが池温泉

ホテル立山

室堂ターミナル 1

立山自然保護
センター

天狗山
2521

国見岳
2621△

美女平・富山

弥陀ヶ原ホテル

天国民宿立山荘

立山カルデラ
展望台

△1972

1952

1:05

丸木橋

雷鳥沢
キャンプ場

クリガ池
ミドリガ池

玉殿岩屋
立山室堂山荘

0:50

室堂山展望台分岐 2

展望台

0:20

浄土山
（北峰）3

1:00

分岐の道標

浄土山
2831

祓堂

南峰

龍王岳
2872

0:30

大汝休憩所

立山の山崎圏谷

富士ノ折立
2999

6 大汝山
3015

立山

0:15

雄山神社

雄山
3003

5 雄山

2992

4

0:50

立山トンネル
（専用自動車道）

一の越山荘

大観峰駅

雷殿

東ノ越

立山トンネル

黒部湖駅
・2512

富山県
立山町

鬼岳
2750

五色ヶ原

日本最大の白馬大雪渓で知られる後立山連峰の最高峰

白馬岳
しろうまだけ

猿倉 → 白馬山荘 → 白馬岳 → 小蓮華山 → 乗鞍岳 → 自然園駅

標高 **2932m**

長野県・富山県
前夜泊・1泊2日

総歩行時間	**10時間55分**	総歩行距離	**15.9km**	累積標高差	登り **1987m** 下り **1398m**	登山レベル	**中級向**	体力 ★★★★ 技術 ★★★☆

▲大雪渓は落石に注意したい

公共交通機関
●行き：JR大糸線白馬駅▶アルピコ交通約30分・1000円▶猿倉　●帰り：自然園駅▶つがいけロープウェイ（ロープウェイ5分、ゴンドラリフト20分・計2000円）▶栂池高原駅▶アルピコ交通約30分・570円▶白馬駅

マイカー
●長野自動車道安曇野ICから国道147号・148号など経由で約60km。猿倉駐車場（70台・無料）を利用。

ヒント
●夏山シーズン中は早朝に着くようにしないと駐車場が満車になる場合がある。

問合せ
白馬村観光局☎0261-85-4210
アルピコ交通白馬営業所☎0261-72-3155
つがいけロープウェイ☎0261-83-2255
栂池高原観光協会☎0261-83-2515

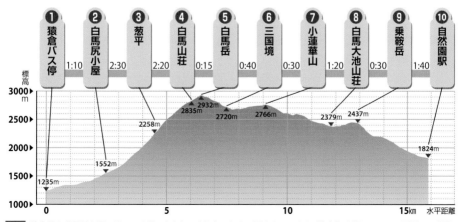

① 猿倉バス停　1:10　② 白馬尻小屋　2:30　③ 葱平　2:20　④ 白馬山荘　0:15　⑤ 白馬岳　0:40　⑥ 三国境　0:30　⑦ 小蓮華山　1:20　⑧ 白馬大池山荘　0:30　⑨ 乗鞍岳　1:40　⑩ 自然園駅

標高m　3000m　2500m　2000m　1500m　1000m

1235m　1552m　2258m　2835m　2932m　2720m　2766m　2379m　2437m　1824m

0　5　10　15km　水平距離

欄外情報：猿倉荘や白馬尻小屋では、アイゼンを忘れてきた人のために販売やレンタル（有料）を行っている。雪渓を歩く際は、4本の爪をしっかり水平に雪面に食いこませて歩くと安定する。

▲南面の杓子岳側から望む白馬岳の山容

大雪渓と花の大群落を通って雲表の頂へ
稜線を縦走し白馬大池、栂池自然園へ下る

概要 5月中旬、山肌に現れる代掻馬（しろかきうま）が山名の由来とされる白馬岳は鑓ヶ岳（やりがたけ）・杓子岳（しゃくしだけ）と並ぶ白馬三山の盟主。山麓の大出の吊橋付近から眺める優美な山容は古くから登山愛好家に親しまれ、美しいお花畑と大雪渓はアルプス登山のステップアップコースとして、初級者の憧れでもある。

1日目 ❶猿倉バス停（さるくらばすてい）からは林道を終点の御殿場までゆく。ここから登山道が始まる。小沢を渡り、滑りやすい石畳の道をゆけば、多くの登山者で賑わう❷白馬尻小屋（はくばじりごや）に着く。大雪渓に入ってしまうとトイレは無い。ここで済ませておくといい。

白馬尻小屋を離れ、灌木帯を抜け、雪渓末端へ出たらアイゼンを着装し、葱平まで全長2kmの大雪渓を登る。時おり落石もあるが、雪渓の上では音が聞

▲コース後半の白馬大池

こえない。立ち休憩程度にし、できるだけ早く抜けよう。❸葱平（ねぶかっぴら）に着けばお花畑が迎えてくれる。小雪渓をトラバースして避難小屋跡を過ぎ、稜線鞍部へ出れば、宿泊地の❹白馬山荘（はくばさんそう）は近い。

2日目 朝食を済ませたら、朝日に輝く雲表の立山連峰を背にして❺白馬岳（しろうまだけ）山頂に立つ。大パノラマとなって広がる北アルプスの山々を眺めたら、馬ノ背の岩場を経て❻三国境（さんごくざかい）の分岐を右に選び、小蓮華山へ向かう。コブを踏み越え登り返すと、山頂に三角点と鉄剣が立つ❼小蓮華山（これんげやま）だ。振り返れば、来し方、白馬岳から鹿島槍ヶ岳への稜線が

▲白馬岳付近から立山連峰・剱岳を遠望

雄大なスケールで展開する。

　小蓮華山を後に、眼前に広がるチングルマとハクサンイチゲの白いお花畑を通って雷鳥坂を下れば、池の畔に立つ⑧**白馬大池山荘**に着く。池の北側から乗鞍岳へは、しばし歩きにくい岩ゴロ道だが、ケルンの立つ⑨**乗鞍岳**からひと息入れて眺める白馬大池は美しい。

　乗鞍岳から斜面を下って天狗原の湿原地帯を過ぎれば、道はハイマツが茂るオオシラビソの林へと向かい、やがて栂池自然園のロープウェイ⑩**自然園駅**に着く。

column
山の宿情報

村営猿倉荘　GWと7月頃〜10月中旬頃営業。
村営白馬岳頂上宿舎　6月下旬頃〜10月上旬頃営業。
※猿倉荘、白馬岳頂上宿舎の連絡先は☎0261-75-3788（白馬村振興公社）で、1泊2食1万3000円。
白馬尻小屋　7月上旬頃〜9月下旬頃営業。
白馬山荘　4月下旬頃〜10月中旬頃営業。
白馬大池山荘　7月上旬頃〜10月上旬頃営業。
栂池ヒュッテ　6月中旬頃〜10月中旬頃営業。
※白馬尻小屋、白馬山荘、白馬大池山荘、栂池ヒュッテの連絡先は☎0261-72-2002（白馬館）で、1泊2食1万3000円程度。
村営栂池山荘　☎0261-83-3113　1泊2食9900円〜。GWと6月中旬頃〜10月下旬頃営業。

1:50,000

1cm=500m
等高線は20mごと

日本アルプス

北アルプスのランドマークとなる天を突く「槍」の鋭鋒

槍ヶ岳
（やりがたけ）

上高地→横尾山荘→槍ヶ岳山荘→槍ヶ岳→上高地

標高 **3180m**
長野県・岐阜県
前夜泊・2泊3日

総歩行時間	**17時間30分**	総歩行距離	**38.7km**	累積標高差	登り **2178m** 下り **2178m**	登山レベル	**上級向**	体力 ★★★★ 技術 ★★★☆

▲北アルプスでひときわ目を引く槍ヶ岳の山容

適期…7月上〜10月上

日本百名山・花・大展望・立ち寄り湯

公共交通機関

●往復：JR篠ノ井線松本駅▶松本電鉄30分・710円▶新島々駅▶アルピコ交通約1時間10分・2000円▶上高地　※大阪・京都と上高地を結ぶ季節運行の直通バス「さわやか信州号」もある。

マイカー

●長野自動車道松本ICから国道158号経由で沢渡まで約33km。沢渡駐車場（有料）からはシャトルバス（往復2400円）か定額タクシー（片道4600円）で上高地へ。

ヒント

●東海北陸自動車道飛騨清見IC、中部縦貫自動車道高山IC、国道158号経由で平湯温泉アカンダナ駐車場（有料）からシャトルバスを利用するルートもある。

問合せ

松本市アルプス山岳郷 ☎ 0263-94-2221
松本市アルプスリゾート整備本部 ☎ 0263-94-2307
アルピコ交通新島々営業所 ☎ 0263-92-2511

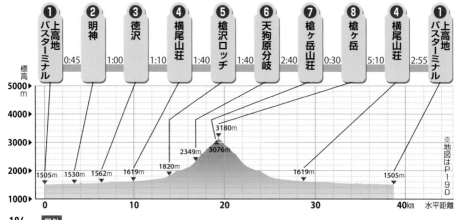

❶上高地バスターミナル　0:45　❷明神　1:00　❸徳沢　1:10　❹横尾山荘　1:40　❺槍沢ロッヂ　1:40　❻天狗原分岐　2:40　❼槍ヶ岳山荘　0:30　❽槍ヶ岳　5:10　❹横尾山荘　2:55　❶上高地バスターミナル

標高 m　5000m　4000m　3000m　2000m　1000m

3180m　3076m　2349m　1820m　1619m　1562m　1530m　1505m　1619m　1505m

※地図はP190

0　10　20　30　40km　水平距離

 欄外情報　上高地にはマイカーで入ることはできず、冬期はシャトルバスも運休となる。

▲槍の肩から穂高方面を望む

槍・穂高の登山基地、上高地を起点に
山小屋に2泊して登山者憧れの頂へ

概要 日本アルプスのシンボル槍ヶ岳は、アルプスのどの地域からもひと目で識別できるランドマークである。山好きなら誰もが憧れ、四方の尾根から天を突く頂へ登ってみたくなるだろう。登山コースは四方の尾根と2つの谷から技量や体力、好みに応じ、季節を選んで登ることができる。

1日目 ❶上高地バスターミナルのカラマツ林を抜け、河童橋から小梨平を経て明神へ向かう。明神岳の岩稜を見るようになれば、間もなく❷明神に着く。明神を離れ徳本峠への分岐を左にする。前穂高が見える河畔に出ればやがて❸徳沢の分岐で、「氷壁の宿」徳澤園が立つ。前穂高岳の岩峰を仰ぎ見て、小説『氷壁』の舞台に思いを馳せるのも良い。新村橋を過ぎれば屏風岩が次第に大きく見えはじめ、❹横尾山荘に着く。

2日目 山荘前からは槍沢左岸の道をゆく。蝶ヶ岳への分岐を過ぎると「槍の穂先」が見える槍見河原に着く。さらに樹林のなか、涼しい沢風と草花になぐさめられ、一ノ俣谷、二ノ俣谷の小橋を渡ってゆけば、森に囲まれた❺槍沢ロッヂに着く。ここからは、緩やかな登りが続く樹林の道をゆき、赤沢押し出しのガレ場を横切って、旧槍沢小屋跡

のキャンプ場ババ平に出る。ババ平を離れ、水俣乗越への道を見送ると、谷は氷河の跡を思わす広いU字状のモレーン帯となり、槍沢が大きく左へ曲がる大曲りに着く。ここからはモレーン帯の急な九十九折の道だ。❻天狗原分岐で右の道をとり、最後の水場に続いて坊主岩小屋を過ぎ、槍ヶ岳殺生ヒュッテに着けば、槍の肩にある❼槍ヶ岳山荘まではもうひと息だ。

3日目 山荘から山頂へは、一方通行のクサリやハシゴを伝い登って、展望盤と祠がある❽槍ヶ岳山頂に出る。狭い山頂から360度のパノラマを楽しんだら、来た道を上高地へ下る。

長い1日になるが、槍見河原までは足元を確かめ着実に下山しよう。

---

column
山の宿情報

横尾山荘 ☎0263-95-2421（現地）、☎0263-33-2225（期間外）1泊2食1万3000円、素泊まり9000円。4月下旬頃〜11月上旬営業。

槍ヶ岳山荘 ☎0263-35-7200（松本事務所）1泊2食1万3000円、素泊まり9000円。4月下旬頃〜11月上旬営業。

槍沢ロッヂ ☎0263-95-2626（現地）、☎0263-35-7200（松本事務所）1泊2食1万3000円、素泊まり9000円。4月下旬頃〜11月上旬営業。

槍ヶ岳殺生ヒュッテ ☎0263-77-1488 1泊2食1万3000円、素泊まり9000円。6月中旬頃〜10月上旬営業。

日本第3位の標高を誇る穂高連峰の盟主

穂高岳（奥穂高岳）
ほたかだけ（おくほたかだけ）

上高地→涸沢ヒュッテ→奥穂高岳→横尾山荘→上高地

標高	**3190m**（奥穂高岳）
	長野県・岐阜県
	前夜泊・2泊3日

総歩行時間	16時間40分	総歩行距離	35.9km	累積標高差	登り 2234m 下り 2234m	登山レベル	上級向	体力 ★★★☆ 技術 ★★★☆

▲涸沢ヒュッテから奥穂高岳を望む

公共交通機関
●往復：JR篠ノ井線松本駅▶松本電鉄30分・710円▶新島々駅▶アルピコ交通バス約1時間10分・2000円▶上高地 ※大阪・京都と上高地を結ぶ季節運行の直通バス「さわやか信州号」もある。

マイカー
●長野自動車道松本ICから国道158号経由で沢渡まで約33km。沢渡駐車場（有料）からはシャトルバス（往復2400円）か定額タクシー（片道4600円）で上高地へ。

ヒント
●東海北陸自動車道飛騨清見IC、中部縦貫自動車道高山IC、国道158号経由で平湯温泉アカンダナ駐車場（有料）からシャトルバスを利用するルートもある。

問合せ
松本市アルプス山岳郷 ☎0263-94-2221
松本市アルプスリゾート整備本部 ☎0263-94-2307
アルピコ交通新島々営業所 ☎0263-92-2511

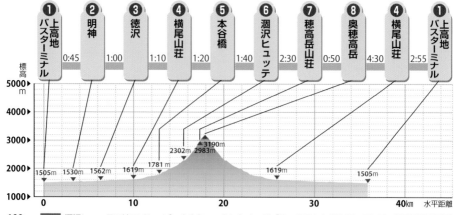

❶ 上高地バスターミナル	❷ 明神	❸ 徳沢	❹ 横尾山荘	❺ 本谷橋	❻ 涸沢ヒュッテ	❼ 穂高岳山荘	❽ 奥穂高岳	❹ 横尾山荘	❶ 上高地バスターミナル
	0:45	1:00	1:10	1:20	1:40	2:30	0:50	4:30	2:55

標高（m）：5000 / 4000 / 3000 / 2000 / 1000

1505m　1530m　1562m　1619m　1781m　2302m　2983m　3190m　1619m　1505m

水平距離 0　10　20　30　40km

欄外情報　涸沢ヒュッテではワイン、ビールやちょっとしたオードブル、おでんなども売っている。時間が許せば展望テラスで一日のんびり過ごすのもよい。

▲白出のコルからご来光を拝する

▲奥穂高山頂には祠と展望方位盤がある

紅葉の絶景で名高い涸沢カールを望み
岩尾根を伝って大パノラマの高峰へ

概要 奥穂高岳は氷河の痕跡を残す涸沢カールの奥にそびえ立ち、周囲は険しい岩稜と急峻な渓谷という厳しい地形のもとにある。それだけにアルペン的な景観を保ち豊富な植生を育み、夏のお花畑、秋の紅葉は比類なき美しさをみせてくれる。

1日目 ❶上高地バスターミナルを離れ、河童橋の向こう、岳沢の奥にそびえる雄大な穂高連峰を仰げば、登山意欲がいっそうかき立てられる。広い歩道を行き、明神岳を左に仰げば、間もなく❷明神に着く。徳本峠の分岐を後に、幾つかの小さな起伏を越えれば❸徳沢の分岐に立つ徳澤園。初夏ならニリンソウの群落がハルニレの下を埋め尽くしているだろう。徳澤園を離れ、新村橋を過ぎれば梓川対岸に屏風岩を望むようになり、やがてキャンプ指定地から❹横尾山荘に出る。

横尾大橋を渡れば、いよいよ涸沢への道となる。涸沢まで標高差690mの登山道だ。樹林帯を抜け、河原の道へ出ると屏風岩が迫ってくる。横尾岩小屋跡を過ぎ、横尾尾根を絡む樹林の道から北穂高岳を望めば、❺本谷橋に着く。本谷橋からは屏風岩山腹の急坂になり、横尾本谷を離れ、涸沢側へ出るまで続く。緩やかになった道をSガレまで来ると、涸沢が一望されるが、涸沢まで再び急登となって❻涸沢ヒュッテに登り着く。

2日目 早朝、涸沢ヒュッテから奥穂高岳を目指す。石畳の道で涸沢パノラマコースを左に見送り、涸沢小屋から灌木帯を抜け、涸沢槍を右に見てザイテングラート末端の小鞍部までゆく。左に直登ルンゼ、右にお花畑を眺め、❼穂高岳山荘がある白出のコルまで岩稜の急坂を登る。山荘の左側から、岩場に着けられたクサリや鉄ハシゴを伝い登って稜線に出る。

大きなピークを越え、ジャンダルムを右にすれば、祠と展望方位盤がある❽奥穂高岳に登り着く。北アルプスの大パノラマに満足したら、来た道を忠実に下り、❹横尾山荘に宿泊。徳沢まで下って徳澤園などに泊まってもよい。

3日目 横尾から上高地へと下山。余裕があれば上高地散策や外来入浴、食事などを楽しみ、❶上高地バスターミナルから帰途につこう。

▲涸沢岳とザイテングラート（左手の緑濃い尾根の上部）

column
山の宿情報

涸沢ヒュッテ ☎090-9002-2534（現地）、☎0263-26-3212（松本事務所）1泊2食1万3000円〜、素白まり9000円〜。4月下旬頃〜11月上旬頃営業。
横尾山荘 ☎0263-95-2421（現地）、☎0263-33-2225（期間外）1泊2食1万3000円、素白まり9000円。4月下旬頃〜11月上旬頃営業。
穂高岳山荘 ☎090-7869-0045（現地）、☎0578-82-2150（期間外）1泊2食1万3000円、素白まり9500円。4月下旬頃〜11月上旬頃営業。
徳澤園 ☎0263-95-2508（現地）1泊2食1万3000円〜。4月下旬頃〜11月上旬頃営業。

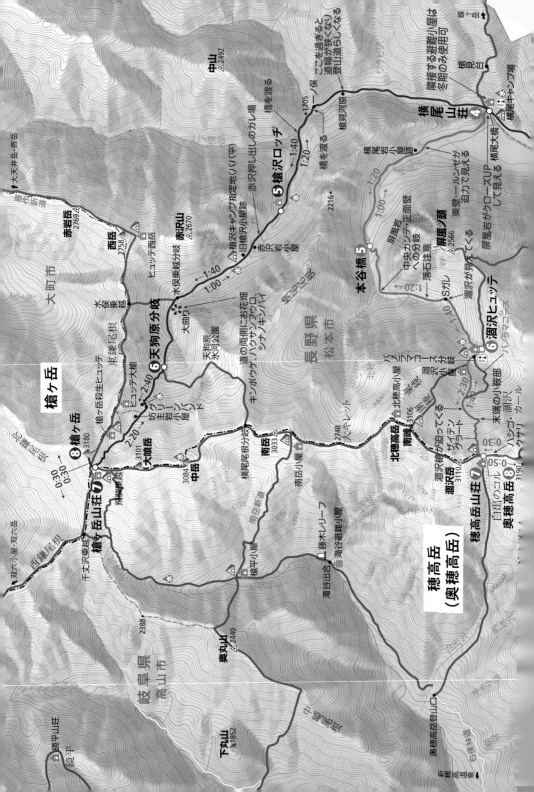